Vita Pasta Carne Mangiare Contorno Dolce

プロの味が最速でつくれる！

落合式イタリアン

落合務

ダイヤモンド社

「落合式イタリアン」が最高な理由（ワケ）

肩の力抜いて作ろうぜ

その1
ひとりでも、家族でも。材料も手間も少ないから、誰でもすぐ作れる！

鶏もも１枚がごちそうに！
パリパリがうまい
「ディアボラチキン」

その2

シェフ人生60年。こだわりを手放したプロの技で、驚くほどシンプルなのにひと味違うおいしさ。

トマト缶がなくても作れる
「トマトジュースの濃厚パスタ」

その3

せっかちで食いしんぼうなイタリア人から学んだ、食材の使い方がわかる。

現地の食堂でずっと愛されている
「ストラチェッティ」

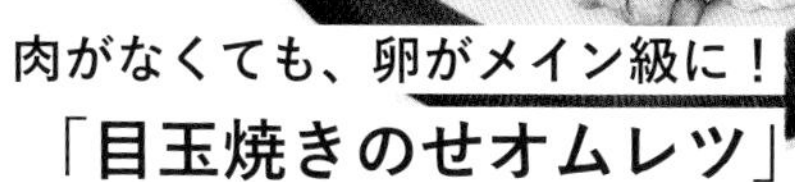

肉がなくても、卵がメイン級に！
「目玉焼きのせオムレツ」

→ うまい×はやい×失敗しない

イタリアンは…… 究極の家庭料理だ!!

イタリア料理は、世界で一番かんたん
そして、毎日食べても飽きない！

さぁ、僕の新しい料理本です。今までも本をたくさん出版させてもらって、それを見てみなさんが料理を作ってくれて、僕の本を読んで料理人になった人までいるんです。ありがたいことです。

よく聞かれます。「落合さんはどうして惜しげもなく、みんなに料理を教えるんですか」って。答えは明白。みなさんに家庭で、おいしいイタリア料理を食べてもらいたいからですよ。

今でこそイタリアでも、フランス料理のようなおしゃれな見た目の料理が出てきているけど……。僕が修業した50年ほど前のイタリアでは、焼いただけの肉がドンと皿にのって出てきたり、なすだけをソテーした料理だったり。「おい、なんだよ、これ。もうちょっと手をかけろよ」と言いたくなるようなものばかりでした。「付け合わせの野菜もないのかよ」と思いながら、唯一添えられているレモンを搾って肉を口に入れてみると……しみじみうまいんですよ。「しみじみ」っていうのを、イタリアですごく感じました。

イタリア料理は素材をそのまま生かして料理にする。だからしみじみおいしくて、毎日食べても飽きない。これって最高だよな、と思いました。道具も鍋ぐらいしか使わないから、洗い物も少ないしね。

田舎に行くと特にそうだけど、イタリアでは家で作る料理と、レストランの料理にあまり差がない。でも、肉は大きなかたまりのまま焼いて、みんなで切り分けて食べたほうがうまいじゃないですか。そういう肉や魚をみんなで食べて飲んで、おしゃべりを楽しんで、パワーをもらいたいときにレストランへ行くわけです。つまりかまどの大きさの違いぐらいで、料理自体は家庭で作るようなものが基本なんですよ。だから日本の家庭でも、イタリア料理は作りやすいんです。

んかもしれない。
だから家庭でこそ作ってほしいんです。

コロナでみんなが外出を控えていた時期、実は僕は闘病していました。ラ・ベットラを次世代に引き渡して、これでちょっとラクできるかなと思っていた矢先、2021 年にがんが見つかったんです。3週間入院して、1年かけて抗がん剤治療をして、なんとか寛解という言葉をもらえました。

抗がん剤治療をすると食欲がなくなるんだけど、負けるもんかと一所懸命食べていたら太っちゃって。それで、今まで家では料理をしなかったけど、コロナ禍で外に出られないし、ダイエット目的で自炊をするようになったんです。

ミネストローネ、ブロッコリーなど青い野菜のアーリオ・オーリオ、野菜たっぷりのパスタ……。こうした野菜中心の食事を作って食べていたら、あっという間に6、7kg やせたんですよ。こんなにかんたんにやせられるんだ、と思いましたね。

告白すると、僕は野菜があまり好きではなかったんです。でも自炊をしてあらためて思った。イタリア料理は野菜をおいしく食べられる料理なんですよね。それに一度にたくさん作りおきできるものも多く、毎日繰り返し食べても飽きない！　イタリア料理はシンプルだから、本当に飽きないんです。

そういう料理を、この本ではたくさん紹介したいと思いました。僕がイタリアで出合って、「しみじみうまい」と思った昔ながらのシンプルな料理です。家庭で作りやすいように手順をかんたんにしてあったり、中には落合式のあっと驚く裏技レシピも登場したりします。

からだによくて、早くかんたんにできて、何しろおいしい。そこを目指して、さぁ、作りましょう。

落合務

＼ 落合シェフおすすめ！ ／

これだけはそろえたい

オリーブオイル

やっぱりエキストラバージンがいい。**家庭では小瓶を買うことをすすめます。**封を開けて長期間置くと、酸化して風味が落ちるんです。小瓶を早めに使いきったほうが、料理はだんぜんおいしくできます。

パルミジャーノチーズ

パスタはもちろん、煮込み料理やサラダ、目玉焼きの上にシャッシャッとすりおろすと、うまみがグンと増す。**パルミジャーノは万能調味料です。**できれば粉になったものではなく、かたまりを買ってほしい。使いたい分だけすりおろして使って、残りはラップできっちり包んで冷蔵庫へ入れておけば１年ぐらいもちます。かけらをそのまま食べれば、つまみにだってなる。

赤ワインビネガー

酸っぱいお酢というよりも、**コクと香りのある調味料としてとらえてほしい。**「香りは味」と僕はいつも言っているんだけど、香りは料理のすごく大事な要素。この本にも、赤ワインビネガーを隠し味的に使う料理がたくさん登場します。普通のお酢でもいいですが、試しに赤ワインビネガーを使ってみると、自分の料理がレベルアップした感じがするはず。これも１年ぐらいもちます。

イタリア料理食材

トマトジュース

トマトソースはもう、トマトジュースで作りましょう。トマト缶を裏ごししなくても、**煮詰めるだけでソースができるから本当に便利。**使いきれないときは飲んじゃえばいいしね。この本のレシピでは、食塩無添加を使っています。

©iStock

ローズマリー・ローリエ

ハーブも、ちょっと使うことで料理がレベルアップする食材。ただ安くないし、１パックを使いきれなかったりするでしょ。そこで**おすすめなのが、鉢植えを買うこと。**バジルのような１年草はその年限りだけど、ローズマリー、ローリエといった宿根草は長持ちするし、ベランダで育てることができる。使うときにハサミでチョキンと切ってくればいいわけさ。実際、僕も家のベランダでローズマリーとローリエを育てています。もちろん庭があれば植え替えてもいいんだよ。強い植物だから、もしゃもしゃに育ってくれます。

Contents

column

4章

まかない飯
ぱぱっと作れてうまい

5章

副菜一皿
野菜ぎらいの僕が大好きな味

6章

ドルチェ
幸せな食後を約束する

レシピを読む前に

- 計量単位は1カップ＝200mℓ、大さじ1＝15mℓ、小さじ1＝5mℓです
- スパゲティは太さ1.5mm（6分ゆで）、オリーブオイルはエキストラバージンオリーブオイル、バターは有塩を使っていますが、好みのものを使ってください
- パスタをゆでる塩、湯は材料に含まれていません（P30）

column

落合務の半生Ⅰ

最初はフランス料理がやりたかった

中学生のとき。父親と家の近所の中華そば屋へ行って、店の親父がチャーハンを作る手際のよさに目が釘づけになった。トントンとねぎを刻む小気味のいいリズム。中華鍋をふるうたびに、米粒がパラリと宙を舞い、具と飯が混ざり合って鍋に戻る。まるで手品のようで、その調理のシーンが目に焼きついてしまった。

僕は東京都足立区本木の庶民的な下町で育った。メッキ工場を営んでいた祖父の羽振りがよかったので、有名進学塾に通わされて、大学までエスカレーター式の私立中学に進み、一人息子だし、家族みんなからエリートコースを進むことが期待されていた。ところが祖父が事業に失敗すると、生活が一変。家のゴタゴタや、肉親の死が続いて勉強する気力が失せてしまい、高校一年で中退して、料理の道に進むことにした。

コック見習いになった17歳の頃。

知人の紹介で入ったレストランなどで働くうちに、フランス料理に興味を持ち、「ホテルニューオータニ」に入社したのが19歳のとき。フランスへ渡って料理を基礎から学びたいと思い、渡航費を稼ぐために20代半ばで給料のよかった「トップス」に移った。そこで恩師と出会った。社長の桂洋二郎さんだ。桂さんはその頃、アメリカンスタイルのレストラン「トップス」のほかに、高級日本料理店「ざくろ」など多くの店を経営し、お菓子やカレーの製造工場も持っていたので、600人ぐらいの従業員を抱える企業の社長だった。

「ホテルニューオータニ」での修業時代（左から2人目）。20歳。

入社2年目に「トップス」の厨房の二番手になった。でもやっぱりフランス料理をやりたくて、会社に辞めたいと言った。すると、一社員の立場では滅多に会えない桂社長が出てきて、「落合君、辞めるのは思いとどまってくれ」と言われた。それで辞めずに働いて、1年ぐらい経った頃かな、桂さんに呼ばれて行くと、「落合君、フランス料理をやりたかったんだろ。フランスへ行ってこい」って。1か月ぐらいフランスへ行って勉強してこい、というわけだ。

フランスへ行って、ついでにイタリアとスペインにもちょっとだけ寄って帰国すると、すぐに桂社長に呼ばれた。「どうだった？」と聞くから、「もう最高でした、フランス」と答えると、「イタリアにも行ったんだろ？　イタリアはどうだった？」って。正直なところ僕にはイタリアはいまいちで、料理は素朴すぎるし、サービスもあってないような感じで、大したことないなと思っていた。でも会社のお金で行かせてもらっていたから「あ、すごくよかったです」と言うと、「そうだろ！　よかっただろう、イタリア」って、桂さんの反応から彼がイタリアにすごく好感を持っているのがわかった。そこで機転を利かせるのが僕という人間。「そうですね。フレンドリーなサービスと、食材にあまり手をかけていないっていうんですかね、素材を生かした料理、あれがいいです」と調子のいいことを言ったら……。これが人生の分岐点になった。

「好きなだけイタリアで修業してこい」

数か月後にまた、桂さんに呼ばれた。「落合君、もう一回旅行してきてくれないか。今度はイタリアへ」。しかも「気のすむまで向こうにいて、イタリア料理を学んでもらいたいんだ」という。社命だから「わかりました」と答えるしかない。

column

落合務の半生Ⅰ

イタリアで修業したのは、1978～1981年の約3年間。渡航費は会社が出してくれたし、僕がいない間もずっと、家族が暮らすために給料も支給されていた。それでツテはなかったけれど「俺、日本人。仕事欲しい。お金いらない。ご飯食べたい」の4つの言葉だけで、僕はイタリアのレストランを渡り歩いた。厨房に入れてさえもらえれば、悪いけどイタリア人より仕事は早いし、魚の処理もできるし、盛りつけもきれいにできるし、洗い物も掃除もきっちりするから、どこでも重宝がられるわけさ。

イタリアの料理修業。ツテもなく、飛び込みで店を探した。

イタリア人はみんな優しくて、向こうにいる間に嫌な目にあったことは一度もない。同じ服ばかり着ている僕に仲間が「これ着ろよ」と穴の開いたセーターをくれたり、古い海パンをくれたり。仕事終わりにはたいてい、誰かが車で僕をアパートまで送ってくれる。わざわざ遠回りしてね。

イタリア料理をとことん学んだ。パスタのゆで湯に塩をしっかり利かせること、アルデンテの固さ、じっくり焼いたパプリカの驚くべきおいしさ……。仕事を終えてアパートに帰ると、その日に覚えたことをノートにすべて書いた。ローマのレストランの厨房で「俺はサルデーニャから来ているんだけど、地元にこういう料理があってさ」という話を仲間から聞くと、それ、食べに行かなくちゃまずいよなと思って、いろんな土地へ行って働いた。ナポリのイスキア島、シチリア、シラクサ、カステリーナ・イン・キャンティ、フィレンツェ、ボローニャ、ベネチア……。たいてい、そのときに働いている店のシェフが「ここに行くといいよ」と次のレストランを紹介してくれるから、あちこちで修業ができたんだ。

最初の店「チェレスティーナ」の厨房にて。

1章

僕の人生ベスト
落合式イタリアンの原点！

イタリアへ修業に行って、「こんなにうまいんだ！」って驚いた味。それで僕が日本で作り始めて、「これはおいしい！」とみんなが好きになってくれた味。「それなら、こうすればもっとかんたんで、おいしくなるんじゃない？」とひらめいた味。僕の料理人生のエポックメイキング的な 10 品をご紹介します。

おいしいパスタは
毎日でも飽きない!

La Top 10 Della Mia Vita Italiana

1位

思い出の野菜パスタ

トマトジュースを煮詰めると すごくうまいソースができる

今から40年以上前、イタリアの修業先のまかないで最初に食べたのが、玉ねぎとなすとケイパーの入ったトマトパスタ。野菜だけなのに、うまくて本当に驚いたんだ。にんにくと唐辛子のシンプルなオイルソースをベースに、トマトジュースを煮詰めて作ると、コクが出て本当においしい。まず最初に作ってほしいね。

材料（1人分）

主材料

スパゲティ……80～100g
にんにく……1かけ
⇒みじん切りにする
赤唐辛子……½本
⇒種を抜く
玉ねぎ……¼個
⇒薄切りにする
なす（大）……1本
⇒縦半分に切り、5㎜幅の斜め切りにする
ケイパー……6粒
⇒粗みじん切りにする
トマトジュース（食塩無添加）
……200㎖

調味料

オリーブオイル……大さじ1
塩……小さじ½

仕上げ用

パルミジャーノチーズ
……大さじ山盛り1
オリーブオイル……大さじ1
スプラウト……適宜

1 ソースのベースを作る

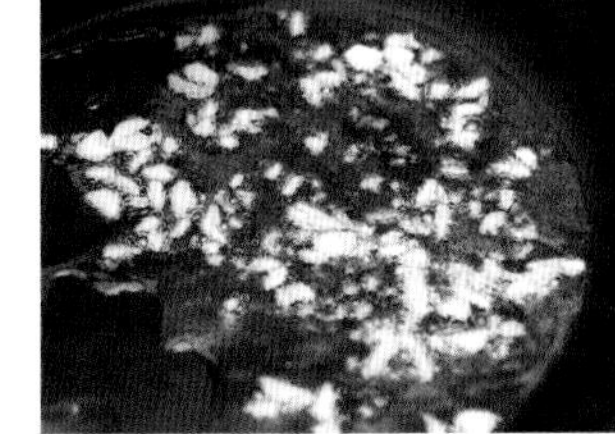

鍋にオリーブオイルとにんにくを入れて強火にかける。にんにくがフツフツしたら、すぐに中火に落とし、かき混ぜる。にんにくが色づいてきたら赤唐辛子を入れる。

2 玉ねぎとなすを炒める

1に玉ねぎを入れて強火にし、水分を飛ばすようにしっかり炒め、**鍋のふちの焦げをヘラで落とす。**玉ねぎが茶色っぽくなったら塩を加え、なすとケイパーを入れて炒める。**辛いのが苦手なら唐辛子は途中で出してもいい。**

3 ソースを煮詰めてあえる

2にトマトジュースを加え、沸いたら弱火にして煮詰める。パスタをゆで始める。**鍋の底をヘラでかくと道ができるぐらいにソースを煮詰めたら火を止め、**ゆで上がったパスタを加えてソースをからめる。チーズ、オリーブオイルを加えてあえ、器に盛りスプラウトを添える。

この皮のパリパリこそが、
ディアボラなんだよ

2位 ディアボラチキン

焼ける「音」と「火加減」。気にするのはそこだけ

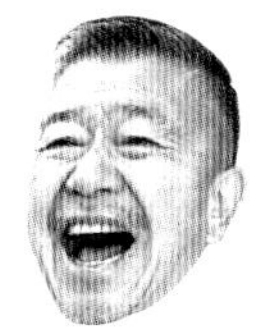

修業時代、鶏を炭火で焼いた料理を「なんでディアボラ（悪魔風）と呼ぶんだろう?」と不思議だった。ただ焼いただけなんだぜ。上に重しをのせて皮を平らにして、カリカリに香ばしく焼く。その姿が悪魔のようだから、この名前がついたとわかったのは、だいぶ経ってから。シンプルにしてとびきりうまい。フライパンで上手に作れるよ。

材料（2人分）

主材料

鶏もも肉……**2枚**
にんにく……**1かけ**
⇒叩いてつぶす
ローズマリー……**1枝**
赤唐辛子……**½本**
⇒種を抜く

調味料

塩……**適量**
オリーブオイル……**大さじ1**

仕上げ用

レモン……**½個**

1 肉の下ごしらえ

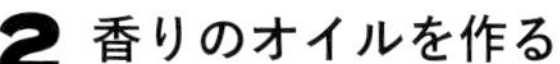

鶏肉は身の厚い部分に、包丁を平らにして切れ目を入れて開き、**全体の厚さを均一にする。**両面に塩をふって2～3分おいてなじませる。

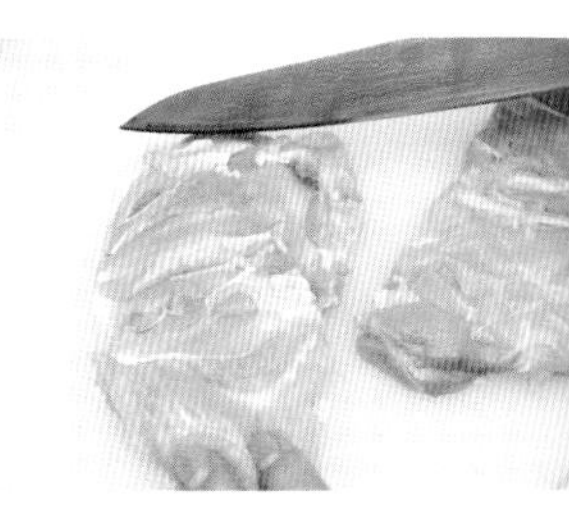

2 香りのオイルを作る

フライパンにオリーブオイルとにんにくを入れて強火にかけ、にんにくがフツフツしたら中火に落とす。にんにくが色づいたら火を止めて赤唐辛子を入れ、すぐに取り出す。続いてローズマリーを入れて、火をつけずに余熱でカリッとさせ、これも取り出す。

3 肉を焼く

2のフライパンに**1**の鶏肉を皮目から入れる。上に重しをのせて、最初は強火で焼き、**パチパチする音が弱くなったら火を少し弱める。**皮がパリッと焼けたらフタをして少し焼く。**串を刺して透明な汁が出ればOK。**火を止めてひっくり返し、裏面は少しフライパンに当てる程度で皿に移す。レモンを搾りかけて食べる。

野菜がもりもり食べられる。
イタリアンの基本をアレンジ！

La Top 10 Della Mia Vita Italiana

3位

和風バーニャカウダ

「みそ」でイタリアン！老若男女が好きな味

まだ誰にも知られてない 1982年頃から店で出してたから、バーニャカウダを日本に広めた張本人と言われてます。本来は牛乳でゆでてペースト状にしたにんにく、アンチョビ、オリーブオイルを小鍋で温めてソースにする。それを家庭で作りやすくアレンジしました。アンチョビが苦手な人も、コクがあってクセのないみそ味なら気に入るはず！

材料（作りやすい分量）

主材料

にんにく……**4玉**
⇒１かけずつ皮をむく

調味料

みそ……**大さじ2**
オリーブオイル……**200mℓ**

好みの野菜

にんじん……**1本**
⇒皮をむいて縦に斜めのスティック状に切る
セロリ（茎）……**1本**
⇒スティック状に切る
アスパラガス……**4本**
⇒硬い皮をむいてゆでる
パプリカ（黄・赤）……**各1個**
⇒ヘタと種を取り除き、輪切りにする
ルッコラ、スプラウトなど……**各適宜**

1 にんにくをゆでる

鍋ににんにく、ひたひたの水を入れ、火にかける。沸騰したら弱火にして、にんにくがつぶれるぐらいにやわらかくなるまで、20～30分コトコトゆでる。

2 にんにくをつぶす

1のにんにくをざるに上げて、さっと洗う。水気をきってまな板に置き、包丁で叩いてペースト状にする。

3 ソースを作る

2のにんにくにみそを加え、**包丁で叩いてよく混ぜ合わせる。**ボウルに移して、オリーブオイルを加えて混ぜる。野菜を器に盛り合わせ、ソースをつけて食べる。

食べる前日に
作ってこそうまい！

4位 スペアリブの煮込み

火にかけて放っておくだけで肉がとろけるうまさに！

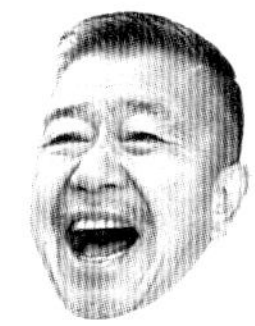

煮込みって、実はラクな料理なんだ。豚でも鶏でも牛でもいい。とにかくうまみの出る骨つき肉と野菜を、色がつくまでしっかり焼きつける。肉と野菜の焦げつきがスープに溶けてだしになる。あとは赤ワインとトマトジュースで煮込むだけ。放っておけばいい。寝かせる時間も調理のうちで「煮込まない時間が煮込みを作る」っていうんですよ。

材料（作りやすい分量）

主材料

豚バラ骨つき肉……**650g**
⇒骨ごと５cm角に切る

玉ねぎ……**１個**
⇒くし切りにする

セロリ（茎）……**１本**
⇒叩いてから４～５cm長さに切る

にんじん……**１本**
⇒皮をむいて縦４等分に切り、４～５cm長さに切る

調味料

塩……**適量**
小麦粉……**適量**
オリーブオイル……**大さじ１強**
赤ワイン……**200mℓ**
トマトジュース（食塩無添加）……**250mℓ**
ローリエ……**１枚**

1 肉を焼きつける

切った豚肉をバットに入れ、塩を全体にまぶし、塩がなじんだら小麦粉を全体にまぶす。フライパンにオリーブオイル大さじ１をひき、肉を強火で焼きつける。**必ず色がつくまで焼くことが大事。**

2 野菜を焼く

肉を鍋に移し、空いたフライパンにオイルを足して、玉ねぎ、セロリ、にんじんを炒める。焼き色がついて**「このまま食べたい」ぐらいにこんがり焼いて鍋に移すこと。**

3 水分を加えて煮る

鍋を強火にかけ、**チリチリ**と音がしてきたら赤ワインを加える。切り目を入れたローリエを加え、**パチパチ**音がして、底が少し焦げるほど煮たら、トマトジュースを加える。**焦げを溶かすように混ぜ、沸いたらフタをして弱火で煮る。**塩少々を加え、水分が少なくなったら水を少し足し、50～60分ほど煮込む。

つるんと喉越しよく、
甘酸っぱいのがたまらない

5位 トマトの冷製パスタ

「赤ワインビネガー」と「はちみつ」が味の要

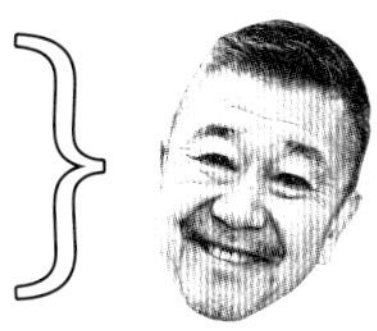

店を始めた頃は今みたいにおいしいトマトがなかった。だから、はちみつをまぶして少し放っておいて、おいしくしてから出すわけ。そこに赤ワインビネガーのうまみも足すと、コクが出てうまいのよ。トーストにのせてもいいし、冷製パスタにも最高。イタリア人は冷たいパスタを食べないけど、そうめん好きな日本人にはうれしいよね。

材料（1人分）

主材料

スパゲティ……50g
トマト……1個(150g)
にんにく……1かけ
⇒すりおろす
バジル(大)……4枚

調味料

赤ワインビネガー……大さじ1
はちみつ……大さじ1
オリーブオイル……大さじ$1\frac{1}{2}$
塩、こしょう……各少々

仕上げ用

オリーブオイル……適量
バジル……適量

＊冷製パスタはスパゲティ少なめがおすすめ。最後まで飽きずにおいしく食べられる

1 トマトを湯むきする

トマトはヘタを取り、お尻に十文字に切り目を入れる。鍋で湯を沸かし、**トマトをヘタ側から入れ、**さっと湯にくぐらせて引き上げる。切り口からペティナイフで皮をむく。

2 ソースを作る

1のトマトを横半分に切って**種をざっと取り、**1.5㎝角に切ってボウルに入れる。にんにく、ちぎったバジルを加え、塩、こしょうで調味し、赤ワインビネガー、はちみつ、オリーブオイルを混ぜる。

3 パスタをあえる

パスタを袋の表示より30秒～1分長めにゆでて、ざるに上げる。すぐに氷水でしめ、水気をきる。**ふきんで包んで絞り、シンクの中でふって水気をきる。2**のソースであえ、オリーブオイルを回しかけ、器に盛ってバジルを添える。

La Top 10 Della Mia Vita Italiana

6位 シンプルリゾット

冷凍ご飯でも、市販のご飯パックでもいいよ。だし汁？　いらない。水で作るんだ。少しの野菜とサルシッチャを炒めて、水を加えて煮ればおいしいスープになる。それをご飯に吸わせて、バターとチーズで仕上げる。お腹にもたまるし、ワインが欲しくなる味。

材料（1人分）

主材料

ご飯……**200g**
自家製サルシッチャ
（P60・またはベーコンなど）……**80g**
⇒小さくちぎる
しいたけ……**2個**
⇒皮をむいて粗みじんに切る
玉ねぎ……**少々**　⇒小さめに切る

調味料

オリーブオイル……**大さじ½**
水……**50mℓぐらい**
塩……**少々**
バター……**15g**
こしょう……**少々**
パルミジャーノチーズ
……**大さじ山盛り2**

1 具材を炒める

鍋にオリーブオイルをひいて玉ねぎを炒め、薄く色づいたらしいたけを加えて炒める。**サルシッチャを加えて香りよく炒め、味のベースを作る。**

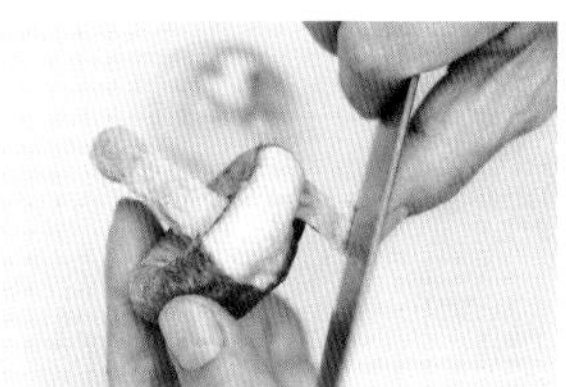
しいたけのかさの皮をむくと、マッシュルームの代わりに使える。

2 ご飯を加えて煮る

1に水を加えて鍋の焦げつきを溶かし、沸騰したら温めたご飯を入れて、軽く混ぜる。塩で調味し、弱火で煮て、**ご飯に水分（スープ）を吸わせる。**途中で水が少なくなったら少し足す。

3 仕上げる

ご飯がふっくらしたら、バターを加えて混ぜる。全体がなじんだら火を止めてこしょうをふり、チーズを加えてひと混ぜする。

La Top 10 Della Mia Vita Italiana

7位 レモンバターのピカタ

ピカタは元々はピッカータというイタリア料理で、仔牛のバター焼きにレモン汁をかけて食べる。卵入りの衣のポークピカタは、日本で近代にできた料理です。鶏むね肉をイタリア式にシンプルに焼けば、これだけでごちそうだよ。

パサつかないでふっくら！ ソースの香りがたまらない

材料（1人分）

主材料

- 鶏むね肉……1枚
  ⇒皮を取り除く
- ローズマリー……1枚

調味料

- 塩……少々
- 小麦粉……少々
- オリーブオイル……大さじ1

レモンバターソース

- レモン……½個
- 水……大さじ2
- バター……10gぐらい
- 塩……ほんの少し
- パルミジャーノチーズ……大さじ山盛り1
- こしょう……適宜

付け合わせ

- ベビーリーフ……適宜
- 塩、オリーブオイル……各少々

1 肉の下ごしらえ

鶏肉は厚みを均一にし、1枚60gぐらいのそぎ切りにする。ラップでおおい、**空き瓶などで軽く叩いて平らにのばし、**両面に塩と小麦粉をふる。

2 肉を焼く

小さなフライパンにオリーブオイルとローズマリーを入れ、弱めの中火にかけて**ローズマリーの香りをオイルに移す。**鶏肉を入れて中火で焼き、こんがりと色がついたら返す。火を弱めてレモンを搾り入れ、火を止める。

3 ソースを作る

2に水を加えて軽く混ぜ(余熱で温める)、肉を取り出して器に盛る。フライパンを火にかけてバターと塩を加え、チーズを入れて混ぜ、こしょうをふりソースを作る。塩とオリーブオイルを軽くまぶしたベビーリーフを肉に添えて、作ったソースをかける。

La Top 10 Della Mia Vita Italiana

8位 落合式タルタル

40年以上前、本来は牛肉のところを、僕が初めて魚でカルパッチョを作りました。もはやすっかり市民権を得たでしょ（笑）。今度は刺身パックのタルタルも作ってみてほしい。マヨネーズ+わさびじょうゆは万能で、肉にも野菜にも合うから試してみて。

材料（2人分）

主材料

刺身パック（本まぐろ、かんぱち、サーモン、真鯛など）……1パック
刺身のつま……適量　⇒向きを変えてざく切りにする
アボカド……½個　⇒1〜2㎝角に切る
玉ねぎ……少々　⇒みじん切りにする
ケイパー……5〜6粒　⇒刻む

ソース

マヨネーズ……40g
わさび……少々
しょうゆ……小さじ⅓ぐらい

仕上げ用

スプラウト……適宜

1 ソースを作る

ボウルにソースの材料を混ぜ合わせる。盛りつける皿の真ん中にソースを少量のせ、スプーンの背で丸くのばす。

2 材料を切る

刺身はすべて1〜2㎝角に切る。

3 あえる

1のボウルに**2**と刺身のつま、アボカド、玉ねぎ、ケイパーを入れてあえる。皿にこんもり盛りつけ、まわりにスプラウトを添える。

刺身パックで作ろうぜ。このソースは万能！

La Top 10 Della Mia Vita Italiana

9位 たっぷり野菜のミネストローネ

「野菜だけ」なのに
うまみが口いっぱいに広がる

実を言うと、僕は野菜がきらいでした。でも病気の療養中に太って、肉を入れない野菜たっぷりのスープを作って食べていたら、体重が6、7kg落ちた。野菜はおいしいものなんだな、ともわかった。特に炒めた玉ねぎ、にんじん、セロリは「ソフリット」といって、イタリアンのうまみの素。これをよく炒めるのがおいしさのコツだよ。

材料（作りやすい分量）

主材料

玉ねぎ(小)……**1個**　⇒粗みじんに切る
にんじん……**½本**　⇒皮をむいて5㎜角に切る
セロリ(茎)……**1本**
⇒叩いてから粗みじんに切る
じゃがいも……**1個**
⇒皮をむいて5㎜角に切る
サニーレタス……**3枚ぐらい**
⇒ざく切りにする
赤いんげん豆(水煮)……**½パック**(190g)

調味料

トマトジュース(食塩無添加)……**100mℓ**
水……**1ℓ**
オリーブオイル……**大さじ2**
ローリエ……**1枚**
塩、こしょう……**各適量**

仕上げ用

パルミジャーノチーズ(好みで)……**適宜**

1 うまみの野菜を炒める

鍋にオリーブオイルをひき、玉ねぎ、にんじん、セロリを炒める。切り目を入れたローリエを加え、強火でよく炒める。**「ちょっと焦がしちゃったぜ」ぐらいに焼きつけたほうが、野菜のうまみが出る。**

2 ジュースを入れて煮る

じゃがいもを入れ、トマトジュースを加える。強火で煮詰めて水分を飛ばし、塩をひとつまみ入れる。赤いんげん豆（汁ごと）と水を加える。

3 豆をつぶす

にんじんがやわらかくなったら、**赤いんげん豆を半分ぐらいつぶす。**味見をして塩でととのえ、サニーレタスを加える。最後にこしょうをふる。器に盛り、好みでチーズをかける。

La Top 10 Della Mia Vita Italiana

スポンジ不要だからかんたん！
イタリアンデザートの定番

10位 落合式ティラミス

今では誰でも知っているティラミスも、僕が 40 年ほど前に店で出したときは、全然食べてもらえなかった。ブームが来て、ドカンと火がついたんだよね。エスプレッソを染み込ませたフィンガービスケットの上に、マスカルポーネのクリームをのせるのが本場式。でも、インスタントコーヒーで作っても充分おいしいよ。

材料（作りやすい分量）

チーズクリーム

卵黄……2個分
生クリーム（脂肪分 47%）……400mℓ
マスカルポーネチーズ……150g
砂糖……60g

土台

ビスケット（マリービスケットなど）……10枚ぐらい
インスタントコーヒー……適量
熱湯……50mℓ
グラニュー糖……大さじ 3

仕上げ用

ココアパウダー……適量

1 チーズクリームを立てる

ボウルに卵黄、生クリーム、マスカルポーネチーズ、砂糖を入れ、ハンドミキサーでよく泡立てる。**ケーキに絞るとしたら、クリームの形がちゃんと残るぐらいにしっかり立てる。**

2 土台を作る

インスタントコーヒーとグラニュー糖を熱湯で溶いて、**濃いめのコーヒー液を作る。**バットなどの型にビスケットを敷き詰め、コーヒー液をかける。

3 盛りつける

2の上に**1**を詰めて、冷蔵庫でよく冷やす。大きなスプーンですくって皿に盛り、茶こしなどでココアパウダーをふる。

2章

最高のパスタ
何度作っても絶対においしい

「パスタぐらい作れるよ」っていう方にも、ここで紹介するレシピをぜひ試してほしいんです。「えっ、おいしさがまるで違う!」と思ってもらえるはず。基本をしっかり押さえつつ、ごまや缶詰などの身近な材料を上手に使って、ラクして、プロの味になるパスタの極意を教えます。

パスタの基本

今さら……なんて思わないで、基本をしっかり覚えてほしい。まず大事なのは「ソースは待ってくれるけど、パスタは待ってくれない」ということ。つまりソースが完成する目鼻がついてから、パスタをゆで始めるんですよ。ちなみに僕は1.5㎜のスパゲッティを使っています。日本人好みの太さで、どんなソースにも合いやすいからです。

パスタをゆでる

コツ1 水2ℓに対して塩30gを入れる

塩をしっかり利かせた湯でパスタをゆでることで、パスタに塩分がつきます（パスタは麺じたいには塩を含みません）。**ほどよく塩分のついたパスタをソースと合わせることで、そこで味がピタッと決まるんです。**塩を少ししか入れない湯でパスタをゆでて、ソースに塩分を利かせてもちっともおいしくないんですよ。だから1人分のパスタをゆでるなら、水2ℓを沸騰させて、塩30gを入れてほしい。2人分をゆでるなら、水3ℓを沸騰させて塩45g。

コツ2 ゆで時間よりも30秒〜1分早めに引き上げる

お湯にパスタを入れたら、**すぐに箸でよくかき混ぜて、パスタが1本1本バラバラにほぐれた状態にする。**最初にこれをしないと、くっついちゃうんです。**ゆで時間は表示よりも30秒〜1分短めに。**表示の時間はあくまでも「パスタがおいしく食べられる火の通り時間」。パスタはお湯から引き上げてからも、ソースとあえている間や、食卓へ運ぶ間に余熱でどんどん「火が入る」。その時間を見越して30秒〜1分早く、お湯から引き上げるわけです。

ソースを作る

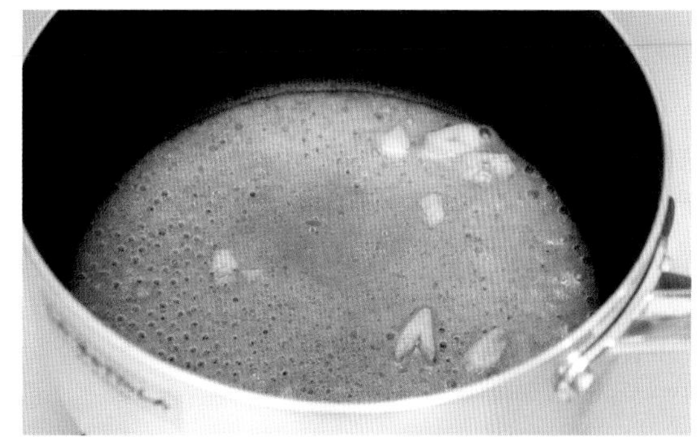

コツ1 にんにくとオイルを同時に入れる

熱いオイルににんにくを入れると、香りが出る前に焦げてしまって、最悪のソースになります。**にんにくは必ずオリーブオイルと同時に鍋やフライパンに入れて、それから点火する。**冷たい油からじわじわ火を通すことで、香りがオイルに移ってくれるんです。ちなみに、にんにくも食べたいときはみじん切りに。香りだけつけてにんにくを取り出すなら、スライスしたり、叩いた状態でオイルに入れます。鍋を傾けて、にんにくがしっかりオイルに浸かった状態で加熱するといいです。

コツ2 とろっとして白濁した「乳化」の状態にする

「乳化」とは何かと言うと、合体だね。**パスタとソースを合体させる、その接着剤みたいな役目をするのが「乳化」という状態です。**ゆでたパスタは「水」で、オイルソースは「油」だから、そのままではうまくくっつくわけがないでしょ。でもそこへ、たとえばバター、チーズ、すりごまなどを加えると、それらが乳化剤となり、ソースがとろっとして白濁して、パスタにくっつきやすくなるんです。

コツ3 トマトソースは鍋底が見えるぐらいまで煮詰める

昔はトマトのホール缶（水煮缶）でソースを作ろうぜ、と言っていた僕も、今はすっかりトマトジュース派。ジュースならトマトをヘラでつぶさなくてもいいし、鍋にあけて煮込むだけ。最初は強火。沸騰したら中火にして、とろんとするまで煮込みます。**ヘラで鍋底をかいたとき、スーッと道ができて底が見えるぐらいまで、しっかり煮詰めるのがコツです。**煮詰めることで、ジュースの中の水分が蒸発して、トマトのうまみだけが残る。これがソースになるわけです。

コツ4 必ず火を止めて、ソースとパスタをあえる！

きっと、みなさんが手こずるのは仕上げだと思うんですよ。パスタとソースを合体させるプロセス、ここがたぶんうまくいっていない。大事なのは、必ず火を止めてパスタをソースとあえること。**パスタは炒め物じゃなくて、あえものです。**合体がうまくいかないと思ったら、すりごま、バター、チーズなどの「乳化剤」を入れる。そうしてトングでくるくると混ぜれば、乳化が起こってパスタとソースがくっつく。これで必ずおいしいパスタが食べられます。

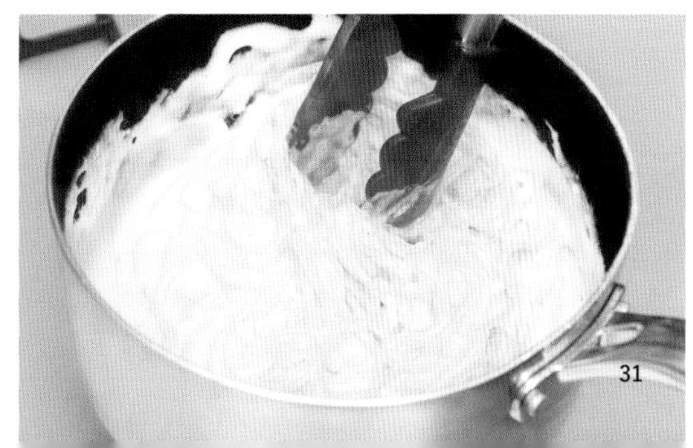

とろりと乳化したオイルソースを
ぜひマスターしてほしい

すりごまのアーリオ・オーリオ

ごま＝乳化剤が、パスタとソースをくっつけてくれる

にんにくと唐辛子のオイルソースはイタリアンの基本中の基本。でも、ゆでたパスタは「水」で、ソースは「油」だから、これだけでは実はプロでもあえるのが難しい。そこで、すりごまを入れるんです。もちろん、バターやチーズでもいい。油分を含んだたんぱく質が「乳化剤」の役目となって、パスタとソースをくっつけてくれるんだ。

材料（1人分）

主材料

スパゲティ……80〜100g
にんにく……1かけ
⇒4等分に切る
赤唐辛子……½〜1本
⇒半分にちぎって種を抜く
長ねぎ……⅓本
⇒斜め切りにする
キャベツ……2枚
⇒ざく切りにする
ベビーリーフ……ひとつかみ
すりごま……大さじ1

調味料

オリーブオイル……大さじ2

1 ソースを作る

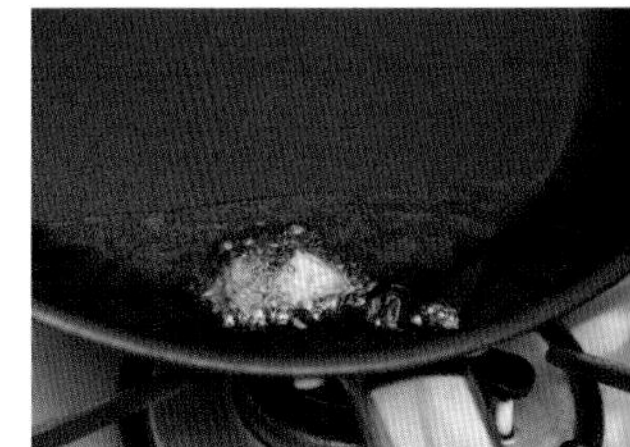

フライパンにオリーブオイルとにんにくを入れて強火にかける。にんにくがフツフツしたら、すぐに中火に落とし、かき混ぜる。にんにくが色づいてきたら赤唐辛子を入れ、火を止める。

2 ソースに湯を混ぜる

パスタをゆで始める。**1**のフライパンに長ねぎを入れて余熱で火を通す。ねぎがしんなりしたらフライパンを中火にかけて、**フライパンの中の油（ソース）とほぼ同量のパスタのゆで湯を加え、よく混ぜる。**

3 パスタをあえる

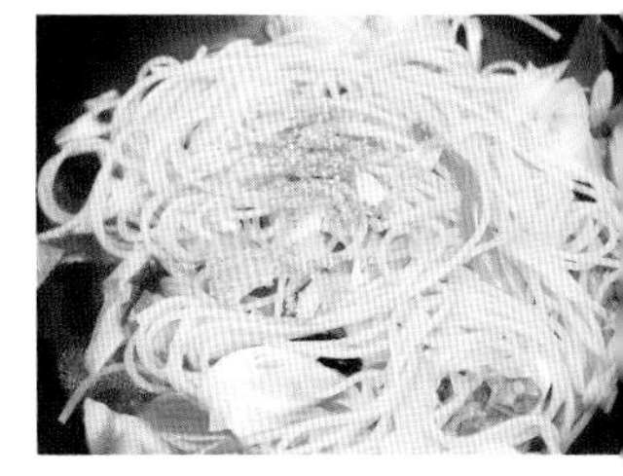

パスタのゆで上がり2分前にキャベツをゆで湯に加えて、パスタと一緒にゆで上げる。湯をきって**2**のフライパンに入れ、すりごまを加えてあえ、ベビーリーフを入れてさっくりと混ぜる。

あさりの水煮缶で作ろう。
パスタをゆでる時間で完成！

かんたんボンゴレ

あさり缶の汁を煮詰めれば極上のソースになる！

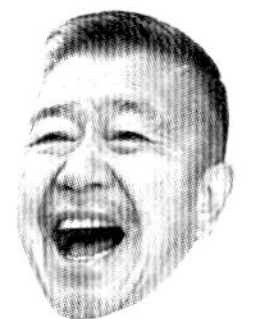

みんなが好きなボンゴレも、あさりの缶詰で作れば砂抜き不要ですごくかんたん。缶汁は絶対に捨てないでくださいね。にんにくと唐辛子のオイルソースに、あさりのだしの出た缶汁を加えて煮詰めれば、とびきりのソースができる。あさりは煮ると身がやせるから、余熱で温める程度でふっくらと。最後に加えるバターが「乳化剤」だよ。

材料（１人分）

主材料

スパゲティ……80～100g
あさり水煮缶……１缶（130g）
⇒身と汁に分ける
長ねぎの青い部分……$\frac{1}{2}$本分
⇒縦半分に切り、斜め切りにする
にんにく……１かけ
⇒叩いてつぶす
赤唐辛子……$\frac{1}{2}$～１本
⇒半分にちぎって種を抜く

調味料

オリーブオイル……大さじ２強
バター……10g

1 ソースを作る

パスタをゆで始める。鍋にオリーブオイル大さじ２とにんにくを入れて強火にかける。にんにくがフツフツしたら、すぐに中火に落とし、かき混ぜる。にんにくが色づいてきたら赤唐辛子を入れる。あさり缶の汁を加えて強火にかけ、半量ぐらいになるまで煮詰め、味をみる。**塩気が強いと感じたら、ゆで湯を少量加えて調整する。**

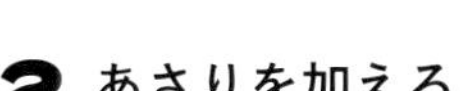

2 あさりを加える

1 の火を止めて、あさりを加え、余熱で温める。

3 パスタをあえる

バターを加え、ゆで上がったパスタを **2** に入れて中火にかけてあえる。長ねぎを加えてさっとあえ、好みで風味づけにオリーブオイル少々を回しかける。

イタリアの料理人が教えてくれた、
手軽にバジルソースを作る技

ひとりぶんジェノヴェーゼ

バジルを包丁で叩くだけ。パンの香ばしさも隠し味

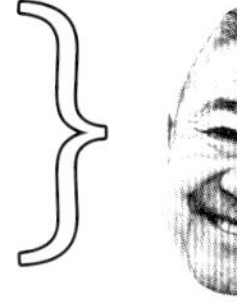
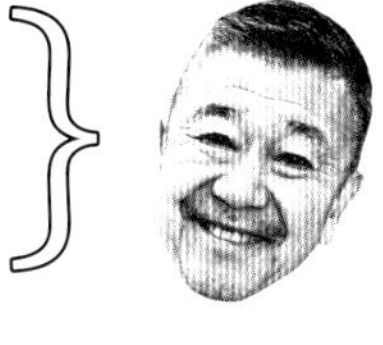

バジルと松の実とチーズで作るジェノベーゼはコクが強いから、苦手な人もいると思う。僕もそうで、だから修業時代にイタリアの料理人が僕のために作ってくれたこのソースには感動した。パンを入れるんです。バゲットでなくてもいいけど、香ばしいパンの皮はぜひ欲しい。食パンなら耳も使ってね。ブレンダーなしで作れるレシピです。

材料（1人分）

主材料

スパゲティ……**80～100g**
バゲット……**25g**（または食パン1枚）
⇒スライスする
牛乳……**大さじ3強**
にんにく……**1かけ**
バジル（小）……**3枝**
好みのナッツ（くるみなど）……**20g**
パルミジャーノチーズ……**大さじ2**

調味料

オリーブオイル……**大さじ1**
塩……**適宜**

仕上げ用

パルミジャーノチーズ（好みで）……**適量**

1 パンをやわらかくする

パスタをゆで始める。**バゲットは軽くトーストして牛乳に浸しておく。**

2 ソースの具を刻む

にんにくは芯を取って、まな板の上で細かく刻む。**1**のバゲットも細かく刻む。バジルは香りの強い茎ごと刻む。ナッツも加え、包丁で全部を混ぜるようにしてさらに刻む。

3 パスタをあえる

2をボウルに移し、オリーブオイル、チーズを加えて混ぜる。**固いと感じたら、牛乳か水を少量加えてのばす。**味をみて、足りなければ塩を加える。ゆで上がったパスタをボウルに入れてあえ、器に盛って、好みでチーズをかける。

シンプルだけど、食べるたびに
しみじみうまい

トマトジュースの濃厚パスタ

トマト缶ではなくトマトジュースで。煮詰めるだけで味も申し分なし！

お店の大量のトマトソースは、トマトジュースで作るとコストがかかりすぎる。でも家庭なら絶対にジュースがおすすめ。裏ごしする手間もないし、煮詰める時間もかからない。にんにくオイルを作って、ジュースを入れて、とろんとするまで煮ればいいんだよ。バターとチーズを加えると、風味のよいプロの出来栄えになる。

材料（１人分）

主材料

スパゲティ……**80～100g**
トマトジュース（食塩無添加）……**200mℓ**
にんにく……**½～1かけ**
⇒薄切りにする

調味料

オリーブオイル……**大さじ２**
塩……**少々**
バター……**10g**
パルミジャーノチーズ……**大さじ２**

仕上げ用

パルミジャーノチーズ（好みで）……**適宜**
こしょう……**適量**

1 ソースを作る

鍋にオリーブオイルとにんにくを入れ、弱めの中火にかける。にんにくが色づいて火が通り、オイルに香りが移ったら、トマトジュースを加える。パスタをゆで始める。

2 ジュースを煮詰める

1のソースを中火で煮る。**ヘラで鍋底をかくと、スーッと道ができるぐらいまで煮詰める**と、濃厚なソースになる。塩で味をととのえる。

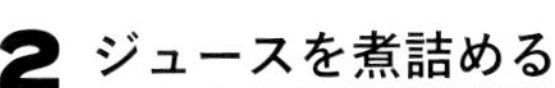

3 パスタをあえる

ゆで上がったパスタを**2**の鍋に入れ、バターを加えて手早くあえる。チーズを加えて混ぜ、皿に盛り、好みでさらにチーズをかけて、こしょうをふる。

ボスカイオーラ

ボスカイオーラ＝きこり風、の意味。森の恵みのきのこがたくさん入ります。必ずツナを使うんだけど、なぜかというと、ツナの層が切り株をイメージさせるから、という説がある。もちろんフレークのツナでもOKで、きのこを炒めたあとに加えて軽く火を通す。ジュースを煮るだけでトマト味のソースになる、この便利さを実感してほしい。

材料（1人分）

主材料

スパゲティ……80～100g
ツナ缶（小）……½缶
玉ねぎ……¼個　⇒薄切りにする
まいたけ……⅓～½パック　⇒食べやすくほぐす
しめじ……⅓～½パック　⇒石づきを落としてほぐす
にんにく……1かけ　⇒叩いてつぶす
トマトジュース（食塩無添加）……150mℓ

調味料

オリーブオイル……大さじ1強
塩……少々

仕上げ用

スプラウト（あれば）……適宜

1 きのこを炒める

鍋にオリーブオイル大さじ1をひき、にんにくを入れて弱めの中火で炒め、にんにくが色づいたら取り出す。玉ねぎを加え、まいたけ、しめじを入れて炒める。オリーブオイル少々を足して、塩を加え、きのこに火が通るまで炒める。

2 ジュースとツナを加える

パスタをゆで始める。**1**の鍋に**あまりほぐさない状態でツナ（油ごと）を入れ、**トマトジュースを加えて強火にする。鍋中が沸いたら中火程度にして、とろんとするまで煮る。塩で味をととのえる。

3 パスタをあえる

ゆで上がったパスタを**2**の鍋に入れ、パスタとソースをよくからめる。器に盛り、あればスプラウトをのせる。

きのこ×トマト×ツナでうまみのかけ算

誰もが夢中になるおいしさ！
ベーコンの使い方が肝心

アマトリチャーナ

アマトリーチェという、イタリアの山間の町の名物パスタ。本来はグアンチャーレ（豚のほほ肉の塩漬け）やパンチェッタを使うけど、ベーコンでいい。カリカリになるまでじっくり炒めて、うまみのある脂を出す。その脂と玉ねぎの甘みをトマトソースに溶かして、チーズのコクを加える。おいしいに決まってるよね。日本のナポリタンの元は、このパスタだって言われている。文句なく、みんなの好きな味。

材料（１人分）

主材料

スパゲティ……**80～100g**
ベーコン……**70g**　⇒５㎜幅に切る
玉ねぎ（小）……**½個**
　⇒繊維と垂直に薄切りにする
赤唐辛子……**½本**　⇒種を抜いてちぎる
トマトジュース（食塩無添加）……**150㎖**

調味料

オリーブオイル
　……**大さじ１**
塩……**適量**
パルミジャーノチーズ……**大さじ２**

仕上げ用

パルミジャーノチーズ（好みで）
　……**適量**

1 ベーコンを炒める

パスタをゆで始める。鍋にオリーブオイルと赤唐辛子を入れ、強めの中火で熱して、ベーコンを入れて炒める。

2 ジュースを煮詰める

ベーコンがカリカリになったら、玉ねぎを入れて炒め、**玉ねぎがくったりしたらトマトジュースを加える。**とろんとするまで強火で煮詰め、塩で味をととのえる。

3 パスタをあえる

ゆで上がったパスタを**2**の鍋に入れ、チーズを加えてあえる。器に盛り、好みでさらにチーズをふる。

生クリームを使わないのに濃厚。
レモンとディルでおしゃれな味に

もちのクリームパスタ

もち＋牛乳があればOK。新感覚のクリームソース

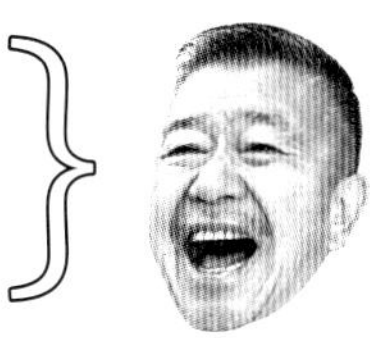

クリーム系のソースをプロは生クリームを煮詰めて作るけど、家の冷蔵庫に牛乳があったら、それを使えばいいんです。鍋のシメに入れる薄いもちがあるでしょ、あれを牛乳と一緒に煮てほしい。すると、ちょうどいいとろみがついて、生クリームで作ったような味になる。バターとチーズでコクをプラスすれば完璧だよ。

材料（１人分）

主材料

スパゲティ……80～100g
牛乳……150mℓ～
スライスもち……40～50g
ディル……２枝
⇒枝からしごく
レモンの搾り汁……¼個分

調味料

バター……10g
パルミジャーノチーズ……大さじ２
塩……少々

仕上げ用

レモンの皮……¼個分
⇒すりおろす
ディル……１枝

1 もちを切る

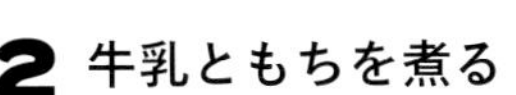

もちを細切りにする。**こうしたほうが溶けやすいからだよ。**

2 牛乳ともちを煮る

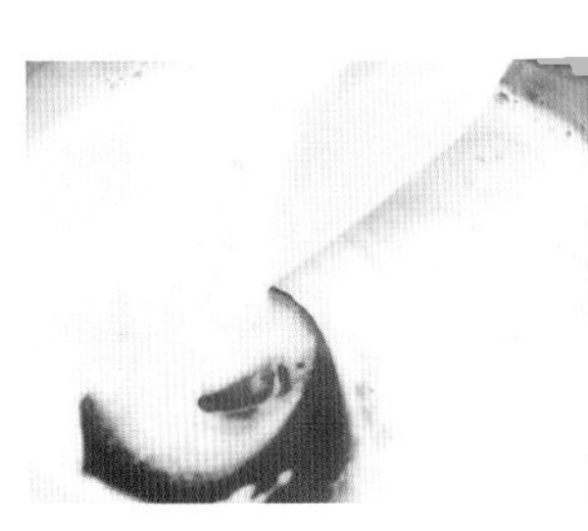

パスタをゆで始める。鍋に牛乳ともちを入れて弱めの中火にかける。**もちが溶けて、ヘラでかくと鍋底に道ができるぐらいに煮詰めたら、**バターとチーズを加えて混ぜる(焦げやすいので注意)。塩で味をととのえ、ディルを加えて混ぜる。**冷めるとソースが固くなるので、その場合は牛乳でのばす。**

3 パスタをあえる

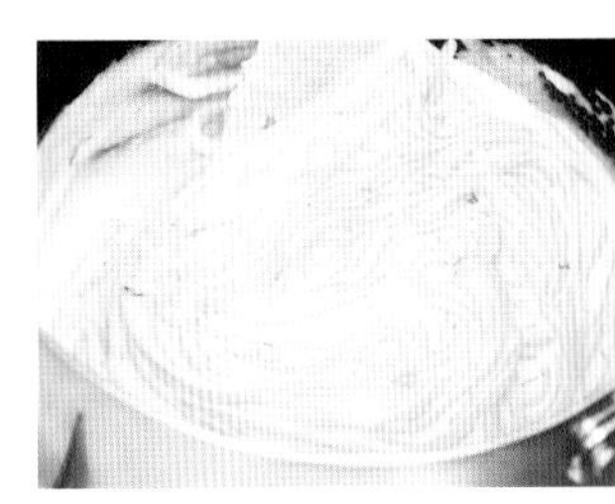

ゆで上がったパスタを **2** に入れて、レモン汁を加えてあえる。器に盛り、レモンの皮とディルを添える。早めにいただく。

昔から作っている僕のヒット作。
うにとしか思えない味と香り！

うに風トマトクリームパスタ

うにに化けた「アンチョビ」がリッチな風味を出してくれる

アンチョビはイタリアでは、うまみと塩気を与えてくれる調味料的な存在。これをトマトクリームソースに溶かしてみたら、うまいに決まってるし、なんとびっくり、うにの味がするんですよ！　このソースに本物のうにを入れたのが、ラ・ベットラの大ヒット料理「新鮮なうにのスパゲティ」です。ソースの作り方はこれでバッチリだから、できたらお財布と相談して、うにを少し入れて食べてくださいね。

材料（1人分）

主材料

スパゲティ……80〜100g
アンチョビ（フィレ）……1½枚
にんにく……1かけ
⇒4〜5等分に薄切りにする
トマトジュース（食塩無添加）……大さじ3弱
生クリーム（脂肪分35%）……170mℓ

調味料

オリーブオイル……大さじ1
塩……小さじ½ぐらい

仕上げ用

イタリアンパセリ……少々

1 アンチョビを溶かす

鍋にオリーブオイルとにんにくを入れ、弱めの中火にかけて、にんにくが色づいたら取り除く。アンチョビを加え、**ヘラでアンチョビをつぶしながらオイルに溶かすようになじませる。**

2 ジュースを煮詰める

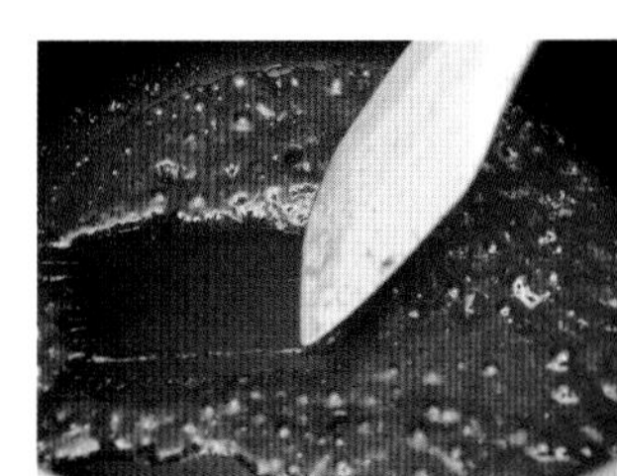

パスタをゆで始める。**1**の鍋にトマトジュースを入れて、強めの中火で煮詰める。**ヘラでかいたとき、鍋底に道ができるぐらいに煮詰めればOK。**

3 生クリームを煮詰める

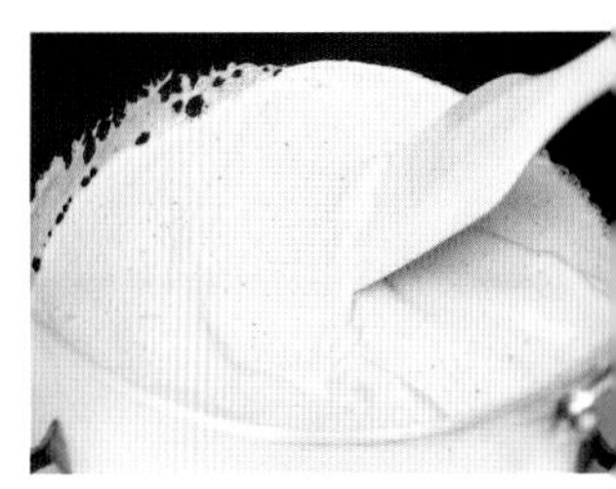

2の鍋に生クリームを加えて混ぜ、**とろんとしてくるまで強めの中火で煮る。**ゆで上がったパスタを加え、ソースとしっかりあえる。味をみて塩でととのえる。器に盛り、イタリアンパセリを添える。

全卵カルボナーラ

火を止めて卵液をからめる。これがしっとり作るコツ

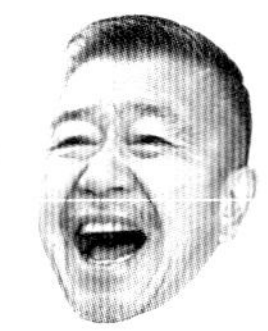

卵はすぐに火が通って固くなる。だからパスタに卵液をからめるときは、鍋の下の火を消したり、鍋を火から遠ざけたりして、できるだけ余熱で卵に火を通す。そうしてパスタと卵液を混ぜて「まだ、しゃばしゃばだな」と思ったら火をつけ、固まりそうになったら火からおろす。このタイミングさえつかめれば、成功間違いなしだよ。

材料（1人分）

主材料

スパゲティ……**80～100g**
卵……**2個**
パルミジャーノチーズ
……**大さじ1**
ベーコン……**60g**
⇒細切りにする

調味料

オリーブオイル……**大さじ1**
黒こしょう……**適量**

1 卵液を用意する

パスタをゆで始める。小さめのボウルに卵を溶きほぐし、チーズを加え、こしょうをたっぷりふり、フォークでよく混ぜ合わせる。

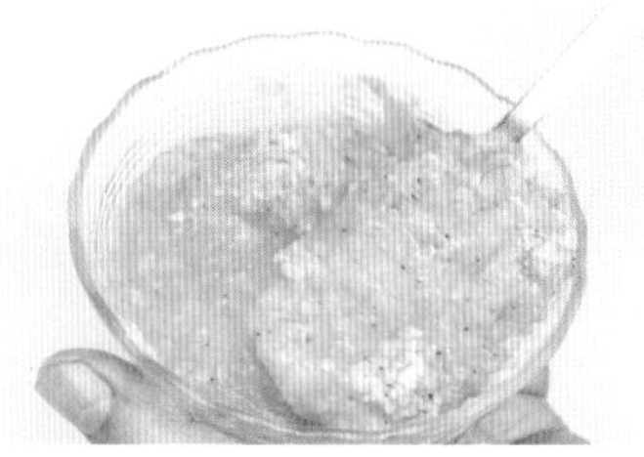

2 ベーコンを炒める

鍋にオリーブオイル、ベーコンを入れて弱めの中火にかけ、**じっくり炒めてうまみのある脂を出す。**火を止めてベーコンをいったん取り出し、鍋に残ったうまみのオイルにパスタのゆで汁大さじ1を加え、よく混ぜてなじませる。

3 卵液をパスタにからめる

ゆで上がったパスタを**2**の鍋に入れてからめる。**1**の卵液を入れ、パスタに手早くからめる。鍋を中火にかけ、下の卵液が固まってきたら、鍋を揺すりながらゴムベラでほぐす。**卵が固まりかけたら火からおろして数回混ぜ、**ちょうどよくなったら器に盛る。ベーコンをのせ、こしょうをたっぷりふる。

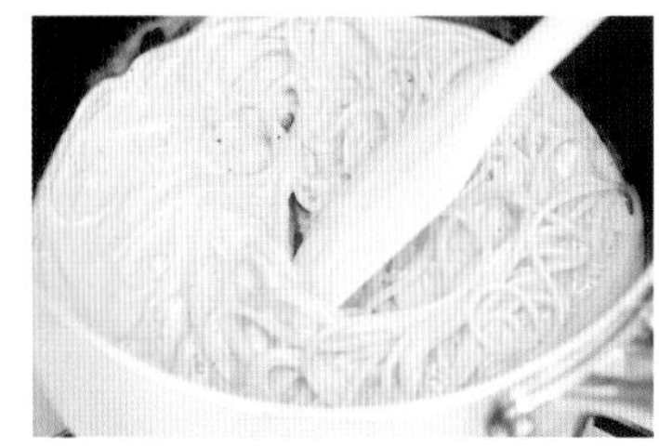

LA BETTOLA

とろ～りと卵がからまって、
黒こしょうが味を引き締める！

YouTubeで紹介したら
300万回以上再生された！

落合式ナポリタン

パスタは炒めない！ 具だけを炒めるんだぜ

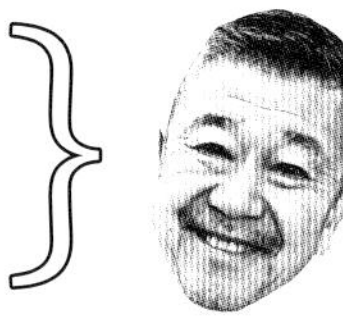

昔の日本の喫茶店では、フライパンでパスタをよく炒めていたから、ナポリタンはケチャップ味の焼きうどんみたいだった。でもパスタだからさ、やっぱり歯ごたえも欲しいじゃない？　だから具材だけを炒めよう。パスタはからめるだけ。これを頭に置いて作れば、一味違う出来栄えになる。マヨネーズはまろやかさとコクを出す隠し味だよ。

材料（1人分）

主材料

スパゲティ……80～100g
玉ねぎ(小)……1/8個
⇒薄切りにする
ウインナー……3本(50g)
⇒5㎜厚さの斜め切りにする
マッシュルーム……2個
⇒縦に5㎜厚さに切る
ピーマン……1個
⇒ヘタと種を取って、縦に細切りにする

調味料

オリーブオイル……大さじ1
ケチャップ……大さじ2
マヨネーズ……大さじ1
バター……5g
パルミジャーノチーズ……大さじ2

1 具材を炒める

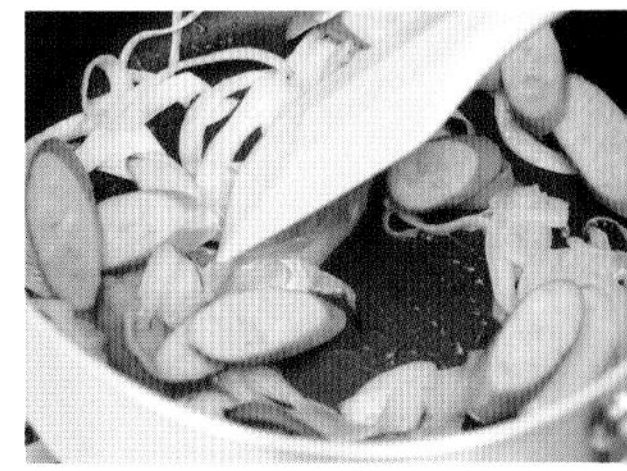

パスタをゆで始める。鍋にオリーブオイルをひき、玉ねぎをよく炒める。**玉ねぎが少し焦げてきたらウインナーを入れて炒め、**続いてマッシュルームを加えてしんなりするまで炒める。

2 調味料を加える

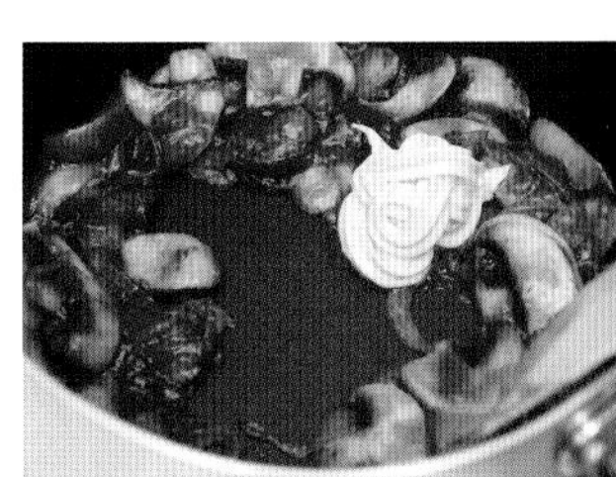

1にケチャップ、マヨネーズを加えて混ぜ、弱めの中火で煮る。パスタのゆで湯を大さじ1ぐらい加えて、ソースの濃度を調整する。

3 パスタをあえる

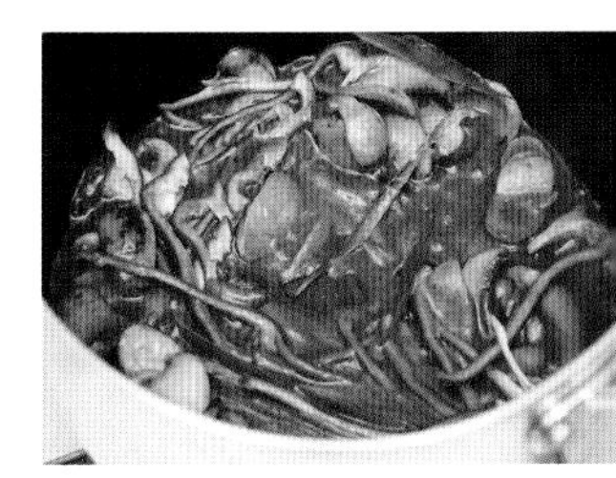

パスタのゆで上がりの20秒前になったら、2にピーマンを入れて火を止める。ゆで上がったパスタを加え、チーズ、バターを加えてソースをしっかりからめる。

肉がゴロゴロ入ったミートソース。
自分で作るのが一番

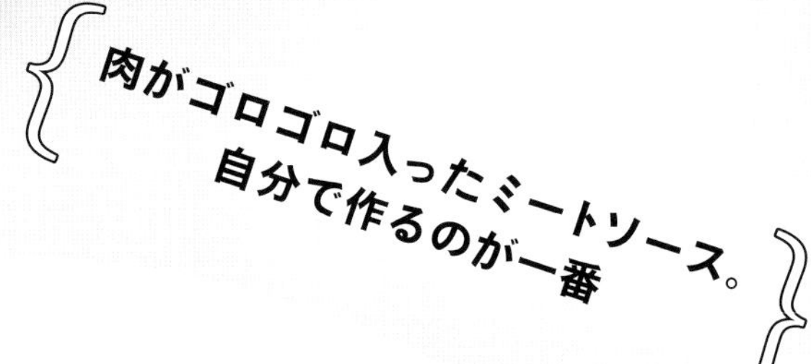

LA BETTOLA

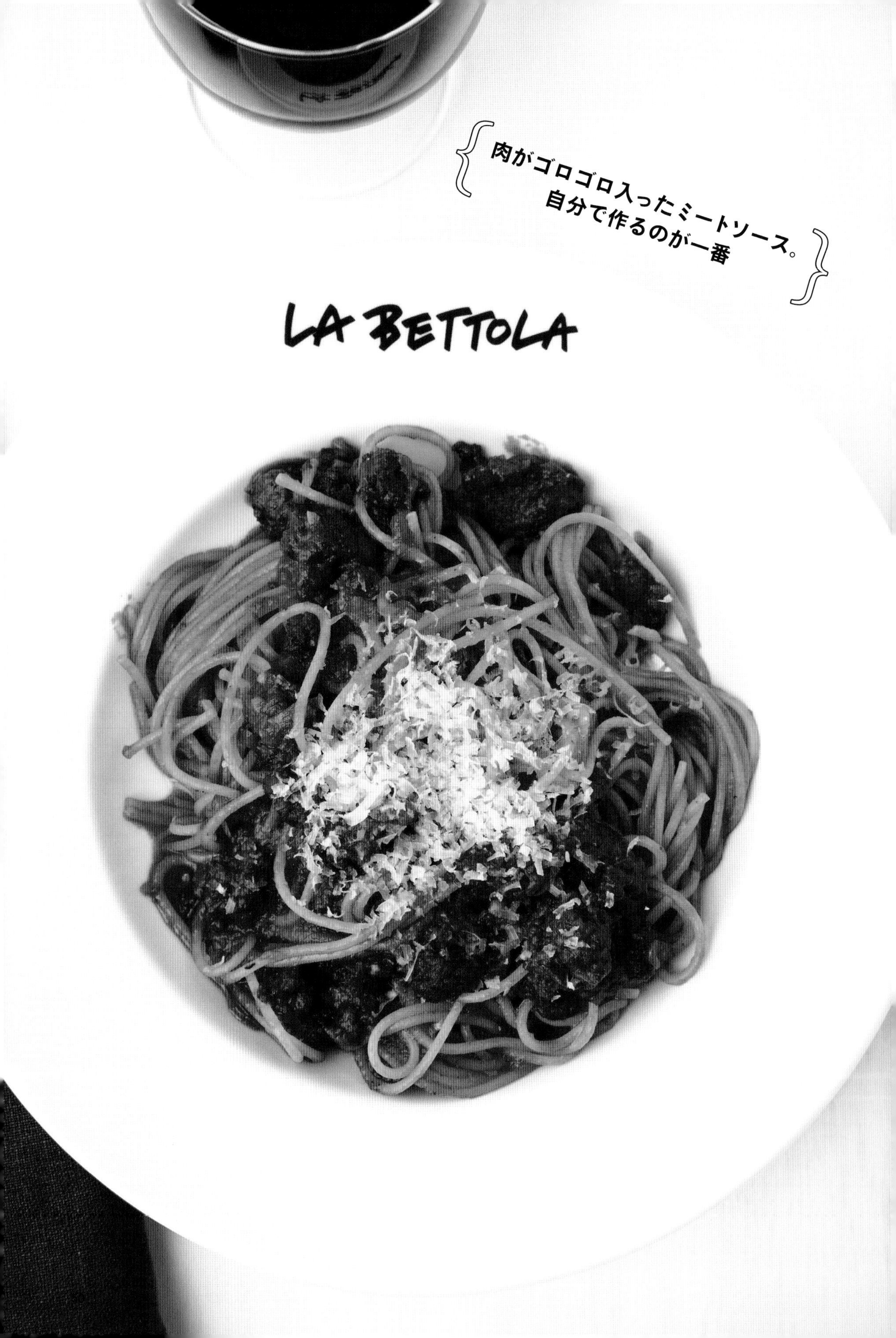

かんたんボロネーゼ

「鍋の中をいじらない」がおいしさを生む秘訣

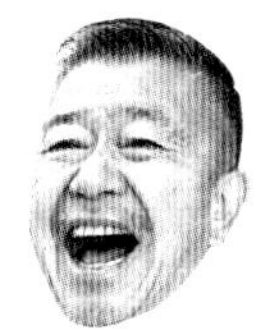

ボロネーゼ、つまりミートソースをおいしく作るには「鍋の中をいじらない」ことに尽きる。玉ねぎとセロリを炒めて甘みを出すときも、あまりいじらないで焦がす。焦げてカラメル状になった野菜が鍋にはりつく、その焦げこそがソースの味になるんです。サルシッチャもなるべくいじらず、かたまりが残る状態でカリッと焼く。肉はボロボロじゃなくて、ゴロゴロがいい。このソースは多めに作って冷凍しておくといいよ。

材料（作りやすい分量）

主材料

スパゲティ……80～100g
セロリ（茎）……5cm
⇒叩いてからみじん切りにする
玉ねぎ……½個
⇒みじん切りにする
自家製サルシッチャ（P60）……280g
トマトジュース（食塩無添加）……500mℓ
ローリエ……1枚

調味料

オリーブオイル……大さじ2強
赤ワイン……200mℓ
塩……適量
パルミジャーノチーズ……適量

1 野菜を炒める

鍋にオリーブオイル大さじ2をひき、セロリ、玉ねぎを入れて中火でじっくり炒める。**最初は全体をかき混ぜ、シャーシャーと音がしたら触らずに焼きつける。**焦げてきたらヘラで落としながら炒める。全体が色づいたらバットに移す。

2 サルシッチャを焼く

1の空いた鍋にオイルを少し足して、サルシッチャをかたまりのまま入れる。木ベラで大まかにくずしながら強火で焼き、**ゴロゴロのかたまりが残る状態にして火を通す。** **1**の野菜を戻し入れ、赤ワインを加えて強火で煮る。

3 ジュースで煮る

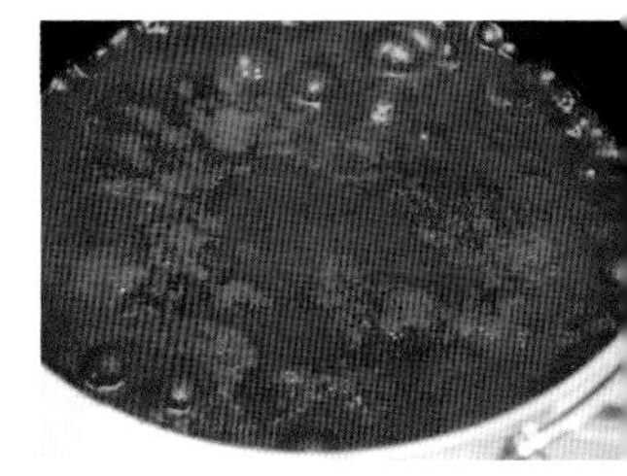

水分がなくなってきたらトマトジュースを加え、切り目を入れたローリエを入れる。沸いたら塩で味をととのえ、ちょうどよく煮詰まったら火を止める。**食べる分だけ鍋に入れて温め、**ゆで上がったパスタを入れてからめ、チーズをかける。

焦がしバターの明太パスタ

バターはほんの少しだけ焦がすことで、うっとりするようないい香りが立って、まろやかな風味が引き立つ。そこに、しょっぱくしたかったらパスタのゆで湯を、塩分控えめにしたいなら水を加えてのばす。これがソースになるんです。明太子、バター、チーズを最後に混ぜて、はい、できあがり。

材料（1人分）

主材料

スパゲティ……80～100g
明太子……½腹（40g）
⇒薄皮から出してほぐす

調味料

バター……20g
パルミジャーノチーズ……大さじ2

仕上げ用

刻み海苔……適量

1 バターを焦がす

パスタをゆで始める。フライパンにバター10gを入れて中火にかける。バターが全体に広がって泡立ち、一部が色づいたら火を止め、瞬時にパスタのゆで湯（または水）を大さじ2加える。**バターはいったん色がつくとすぐに焦げるので、水分を足して焦げを止めるのがコツ。**

2 パスタをあえる

1のフライパンを保温できるぐらいの弱火にかけて、ゆで上がったパスタを入れ、さっとあえて火からおろす。

3 明太子を混ぜる

明太子を加えて、ヘラでほぐしながらよく混ぜる。バター10g、チーズを加えて混ぜ、器に盛って刻み海苔をのせる。

3章

いつもの食卓を格上げする！ イタリアンおかず

がっつり食べられるメインのおかずです。おうちの肉料理、マンネリになっていませんか？　それならシンプルで本当にうまい、イタリアの肉料理をレパートリーに加えてください。卵料理も野菜料理も、イタリアンなら食卓の主役になる存在感です。

中のチーズもとろ～り。
安上がりの材料でごちそうに

イタリアンカツレツ

薄切り肉で作れば誰でも上手にできるぜ

豚バラ薄切り肉でカツを作ろう。火の通りが早いから、これなら誰でも上手に揚げられる。とろけるチーズを薄切り肉で包んで四角くして、少ない油で揚げ焼きにする。スプーンで油を回しかけて表面を熱すると、中まで火が通りやすい。角のところが焼けにくいから、たまにフライパンを斜めにして、角が油に浸かるようにして揚げてね。

材料（1人分）

主材料

豚バラ薄切り肉……4枚（400g）
　⇒長ければ半分に切る
卵……1個
　⇒よく溶きほぐす
ピザ用チーズ……大さじ2

調味料

塩……少々
オリーブオイル……大さじ3
パン粉……½カップ
パルミジャーノチーズ……大さじ2
　⇒パン粉に混ぜる

ソース

　⇒以下を混ぜ合わせる
ケチャップ……50g
マヨネーズ……30g
ごま油……小さじ½

付け合わせ

ルッコラ、ミニトマト……各適量
オリーブオイル……少々
レモン……¼個

1 肉を四角にまとめる

豚肉2枚を少し重ねて、まな板に横長に広げて置く（a）。真ん中に豚肉2枚を縦に少し重ねて置き（b）、全体に塩をふる。肉の真ん中にピザ用チーズをのせ、（a）の肉の左右を内側に折る。（b）の肉を縦に内側に折って、四角形にととのえる。

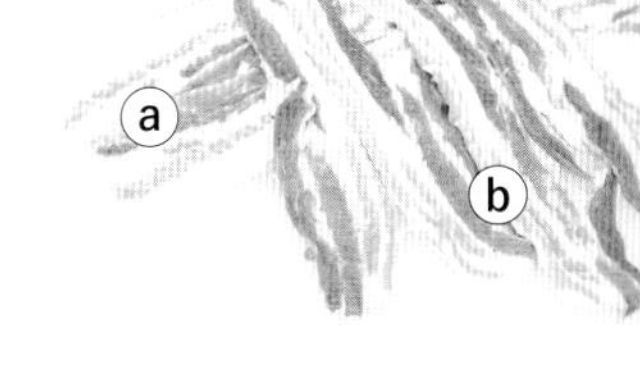

2 衣をつける

1の豚肉に卵液をからませ、チーズパン粉をつける。

3 揚げ焼きにする

フライパンにオリーブオイルを入れて中火弱で温め、2を入れる。ある程度焼いて、**色づいてきたらフライパンを傾けて、スプーンで油をかけながら温める。**きつね色になったら返し、裏面は油をかけずに色づくまで揚げ焼きにする。器に盛って、オリーブオイルをまぶした野菜を付け合わせ、レモンを添える。ソースをかけていただく。

残り野菜が一気に食べられる
ヘルシーでおいしい一皿

落合式サラダチキン

ゆで鶏だけど「ゆでない」。お湯に浸けるだけ

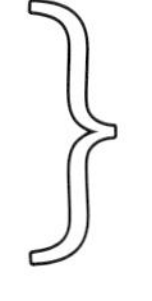

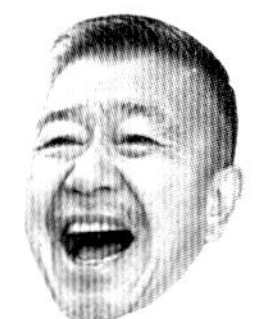

グラグラと沸いた湯で鶏をゆでると、肉が硬くパサパサになります。しっとりしたゆで鶏を食べたいなら、沸いた湯の火は止め、鶏肉を入れてフタをして、そのままおいておく。鶏を入れるとお湯の温度が下がる。その熱くない湯でじんわりと火を通すのが、上手に作るコツなんです。サラダにする野菜の皮や切れ端を入れて香りを移そう。

材料

ゆで鶏（作りやすい分量）

鶏むね肉……**1枚**
くず野菜（セロリの葉、にんじんの皮、玉ねぎの切れ端など）……**適量**
塩……**小さじ2**
黒こしょう（粒）……**10粒**

チキンサラダ（1人分）

ゆで鶏……**100g**
玉ねぎ……**½個**
⇒薄切りにする
セロリ（茎）……**¼本**
⇒そぎ切りにする
にんじん……**¼本**
⇒薄切りにしてゆでる
アスパラガス……**1本**
⇒ゆでて一口大に切る
しめじ……**適宜**
⇒さっとゆでる
ミニトマト……**適宜**
⇒半分に切る
スプラウト……**適宜**

ドレッシング

マヨネーズ……**大さじ2強**
ごま油……**大さじ1弱**
塩……**少々**

1 ゆで湯を沸かす

鍋に水をたっぷり入れ、くず野菜と粒こしょうを入れて沸かす。

2 肉を湯に浸ける

鶏むね肉は厚い部分に包丁を入れ、身を開いて厚さを均一にする。**1**が沸いたら塩を混ぜて鶏肉を入れ、**すぐにフタをして火を止める。**このまま20分ほど置く。

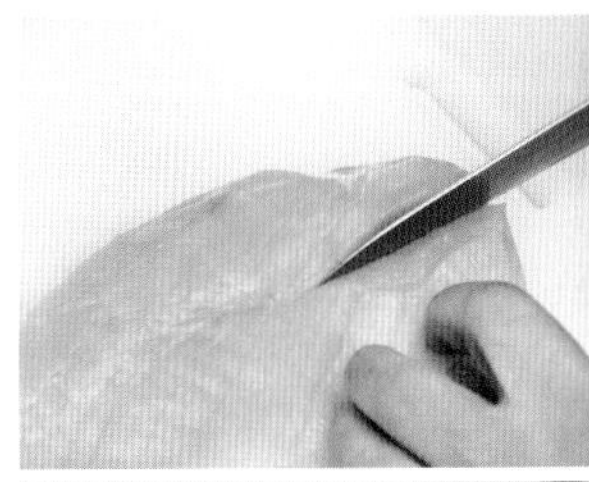

3 サラダに仕立てる

玉ねぎ、セロリ、にんじん、アスパラ、しめじをボウルに混ぜ合わせて、ドレッシングであえて器に盛り、トマトを添える。ゆで鶏を手で食べやすい大きさにさいてサラダの上にのせ、スプラウトを飾る。

親子フリッタータ

フリッタータはイタリアのオープンオムレツの定番。なんでも具になるけど、鶏肉を入れるとかさが出て、メインのおかずにもなる。卵液をフライパンに流したら、すぐにゴムベラで混ぜると卵がふっくらするんだ。薄焼きだからひっくり返さなくていいよ。

材料（2人分）

主材料

卵……4個
鶏むね肉……100g　⇒細かく切る
ズッキーニ……½本　⇒スライサーでごく薄切りにする
玉ねぎ……⅛個　⇒粗みじんに切る
パルミジャーノチーズ……大さじ2
ピザ用チーズ……50g

調味料

オリーブオイル……大さじ1½
塩、こしょう……各適量

1 卵を溶く

卵をボウルに割り入れ、パルミジャーノチーズ、塩、こしょうを入れて、泡立て器でよく溶きほぐす。

2 肉と玉ねぎを炒める

小さなフライパンにオリーブオイル大さじ1をひき、鶏肉を入れて炒め、塩少々で味をととのえる。鶏肉の色が変わったら玉ねぎを入れてくったりするまで炒め、**1のボウルに加えて混ぜる。**

3 卵焼きを作る

2のフライパンにオリーブオイル½を足し、卵液を流し入れる。**すぐにゴムベラで混ぜて中火で焼き、**ズッキーニを円形に並べる。上にピザ用チーズをかけて、フタをして弱火にし、チーズが溶ければできあがり。

卵＋鶏肉でボリューミー！
イタリア式オムレツ

ストラチェッティ

強火で焼くだけ。
ご飯も進むイタリア式焼き肉

ストラチェッティは「小さな布切れ」という意味で、薄切り肉をたださっと焼いただけの料理。とにかく強火でガーッと焼いて、レモン汁とオリーブオイルをかける。イタリア人はこの食べ方が好きだね。豪快でうまいんだよ。野菜と肉を一緒に頬張ろう。

材料（2人分）

主材料

牛薄切り肉……200g
ルッコラ……1パック
レモン……½～1個

調味料

オリーブオイル……適量
塩……少々

1 下ごしらえをする

バットに牛肉を入れ、軽く塩をふる。レモンは¼個を付け合わせ用にとっておく。ルッコラにオリーブオイルをまぶしておく。

2 肉を焼く

フライパンにオリーブオイル大さじ½をひき、牛肉を並べ入れて強火でさっと焼く。牛肉にレモンを搾りかけ、**かけたレモン汁の倍量ぐらいのオリーブオイルを回しかける。**

3 盛りつける

器に**2**を盛り、上にルッコラをのせて、レモンを添える。

家イタリアンを格上げする
肉のうまみとハーブの香り

Piatti Di Carne

自家製サルシッチャ

焼いたり、煮込んだり、万能な「おかずの素」

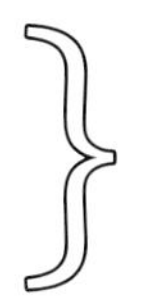

サルシッチャはイタリアのソーセージ。これが冷蔵庫にあると本当に重宝するんだ。焼いて食べるのはもちろん、欲しい分だけちぎってパスタに入れたり、リゾットに入れたり（P24）、チャーハンの具にもいい（P78）。サルシッチャをちょっと入れるだけでうまみがグンと増して、「おっ、イタリアン！」な味になる。季節にもよるけど冷蔵庫で3〜4日、冷凍なら数週間もちます。

材料（作りやすい分量）

主材料

豚ひき肉（あれば粗びきがおすすめ）……400g
にんにく……1かけ
ローズマリー……少々
⇒枝からしごく
赤唐辛子……⅓本

調味料

オリーブオイル……少々
塩……少々
こしょう……少々

1 薬味を刻む

まな板の上にオリーブオイルを少したらしてのばし（**こうすると切った材料が飛び散らない**）、にんにく、ローズマリー、赤唐辛子をのせる。包丁で叩いて細かいみじん切りにする。

2 肉をこねる

豚肉をボウルに入れ、塩、こしょう、**1** を加えてこねる。**「ちょっと固いな」と思ったら水を大さじ2〜3杯入れて、しっかりこねる。**

3 ラップで包む

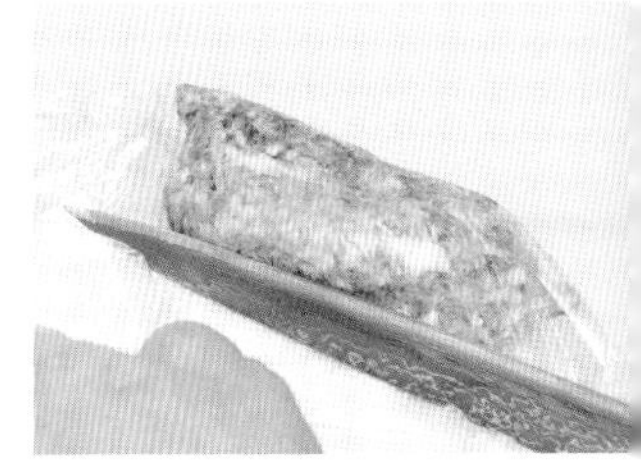

ラップ（クッキングシートでもよい）を広げ、**2**をひとつかみ取って棒状に成形してのせる。**空気が入らないように包丁で押さえながら、ラップできっちり包み、**両端をキャラメルのようにねじる。残りも同様にする。この状態で冷蔵できる。冷凍するときは平らにつぶしたほうが火の通りが早い。

Piatti Di Carne

ボルベッティ

ボルベッティは南イタリアの料理で、ミートボールとハンバーグの中間みたいなもの。作りおきのサルシッチャを丸めて焼くだけでいい。本来はまん丸だけど、フライパンで焼くなら火の通りがいいように、ちょっと平らな形にしよう。

材料（１人分）

主材料

自家製サルシッチャ（P60）……**150g**
トマト……1個
にんにく……½かけ
⇒薄切りにする
スプラウト……適宜

調味料

オリーブオイル……適量
塩……少々

1 小さく丸める

サルシッチャをラップから取り出し、50gぐらいずつに分ける。**手で丸めてから、少しつぶす。**

2 野菜を用意する

付け合わせの野菜を用意する。トマトは皮をむいて、小さめの一口大に切る。スプラウトにはオリーブオイルと塩をまぶす。

3 焼く

フライパンにオリーブオイル大さじ½をひき、**1** を中火で焼く。裏面が焼けたら返して、おいしそうな色がつくまで焼く。皿に盛り、トマトとスプラウトを添えて、トマトの上ににんにくを散らす。

イタリアンハンバーグ

サルシッチャはひき肉の生地だから、ハンバーグにもなっちゃうわけ。オリーブオイルで肉をこんがり焼いて、オリーブオイルで焼いた目玉焼きをのせると、いつものハンバーグとは違うイタリアンな味わいになる。半熟の黄身をくずしてソースにしよう。

材料（1人分）

主材料

自家製サルシッチャ（P60）……**150g**
卵……**2個**
パルミジャーノチーズ……**適量**

調味料

オリーブオイル……**大さじ1**

1 ハンバーグの形にする

サルシッチャをラップから取り出し、**手で丸めてハンバーグの形にする。**

2 焼く

フライパンにオリーブオイル大さじ½をひき、**1**を入れる。中火で4〜5分じっくり焼き、裏返してフタをして火を止め、余熱で中まで火を通す。

3 目玉焼きをのせる

小さなフライパンにオリーブオイル大さじ½をひき、卵を割り入れる。ごく弱火で焼いて目玉焼きを作る。ハンバーグを皿に盛り、目玉焼きをのせて、チーズをふりかける。

大きく焼けばメインに！
がっつり系おかず

かむとやわらかくて
肉のうまみが口に広がる

豚のタリアータ

弱めの火加減で じわじわと肉に火を通す

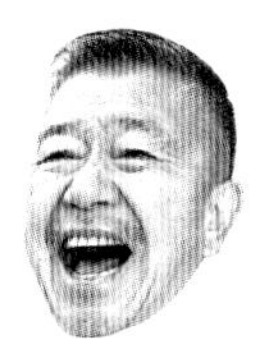

タリアータというのは、「大きな肉を切りました」という意味で、肉を薄切りにして食べること。トスカーナでは牛の赤身肉だけど、豚でもおいしいよ。大事なのは焼き方。厚切り肉をあまり強くない火加減でじわじわと焼く。肉に触らずにじっと見ているのがいい。ただし、フライパンの中で最後まで焼ききらない。火を止めてフタをしてそのままちょっと置き、中まで火を通すのが正解。何回か作って肉焼き名人になってください。

材料（1人分）

主材料

豚肩ロース厚切り肉……1枚
⇒室温に戻し、軽く塩をふる
にんじん……5㎝
⇒皮をむいてせん切りにする
玉ねぎ……⅛個
⇒ごく薄切りにして水にさらす
ミニトマト……4～5個
⇒くし切りにする
ルッコラ……適量

調味料

オリーブオイル……大さじ1

ソース

レモンの搾り汁……½個分
塩……少々
こしょう……適量
オリーブオイル……大さじ1
バター……5g

1 肉を焼く

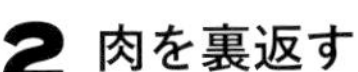

フライパンにオリーブオイルをひいて強めの中火にかけ、豚肉を入れて1分ほど焼いたら中火に落とす。たまにフライパンを揺すって、**肉に触らずにじっくり焼く。**

2 肉を裏返す

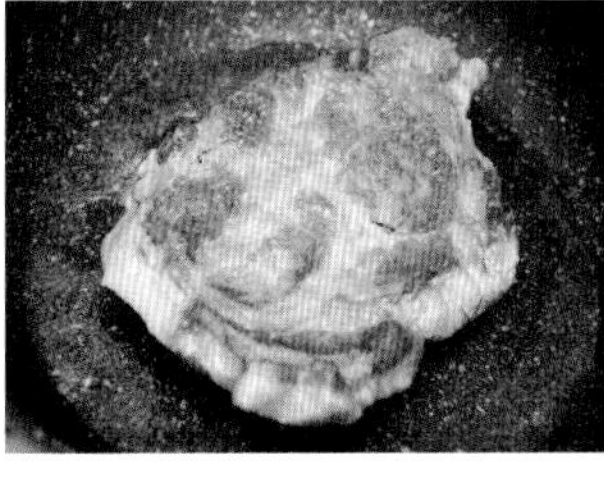

おいしそうな焼き色がついたら裏に返して、**ごく弱火で火が通るのを待つ。**

3 ソースを作る

フタをして火を止め、余熱で火を通して肉を取り出す。フライパンの中の油にレモン汁、塩、たっぷりのこしょう、オリーブオイルを加えて火にかけ、バターを混ぜてソースを作る。豚肉を8等分ほどにスライスし、混ぜ合わせた野菜の上にのせ、ソースをかける。

冷めたほうがおいしい料理。
お弁当のおかずにもいいよ

ベーコンとなすのカポナータ

なすに油を吸わせるととろっとした食感に

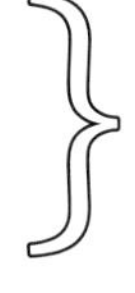

南イタリアの料理で、油を吸ってとろんとしたなすが主役。なすの皮を全部つけたままだと、料理に皮の色が出ちゃうから、縦に縞模様にむいて。玉ねぎとセロリは甘みや香りの要因だから、しっかり炒めて野菜の風味を出したほうがいい。カポナータが冷蔵庫にあると、すぐに野菜料理が食べられていいでしょ。パスタをあえてもいいね。

材料（作りやすい分量）

主材料

ベーコン……**4枚**（70g）
⇒細切りにする
なす……**2本**
玉ねぎ……**½個**
⇒角切りにする
セロリ（茎）……**10㎝**
⇒叩いてから薄切りにする
にんにく……**2かけ**
⇒薄切りにする
トマトジュース（食塩無添加）……**80㎖**
バジル……**2枚**
⇒細かくちぎる

調味料

オリーブオイル……**大さじ4**
塩、こしょう……**各適量**

1 なすを切る

なすはピーラーで縦に皮をむいて、縞目にする。縦半分に切り、6～7㎜幅に切る。

2 炒める

鍋にオリーブオイル、にんにくを入れて中火にかける。玉ねぎ、セロリ、ベーコンを加えてよく炒める。玉ねぎが透き通ったら**1**を入れて、塩少々をふる。

3 ジュースを加える

なすに火が通って油を全部吸ったら、トマトジュースを加えてよく混ぜ、中火で汁気がなくなるまで煮る。塩で味をととのえ、こしょうをふり、バジルを加えて火を止め、もう一度よく混ぜる。

ごろごろ食材の、冬の名物料理。
「ゆでるだけ」のイタリア版おでん

ボリート

ひと鍋で具もスープも。かんたんで豪華な料理！

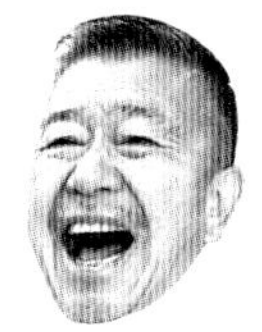

家庭で作るのに、こんなにいい料理はないと思う。だって、ゆでるだけだぜ。イタリアではいろんな肉を入れる。鶏の脚、豚のかたまり、ソーセージ、仔牛、タン、豚足。野菜は玉ねぎ、セロリ、にんじん、大きいまま鍋に入れてゆでるだけ。最高のスープが取れる！　サルサヴェルデというハーブソースで食べるのがたまらなくうまいんだ。

材料（作りやすい分量）

主食材

豚肩ロースかたまり肉……350g
⇒半分に切る
鶏もも肉……1枚
セロリ（茎）……1本
⇒5～6㎝長さに切る
じゃがいも……1個
⇒皮つきのまま半分に切る
玉ねぎ（大）……1個
⇒軸を残したまま縦半分に切る
にんじん……½本
⇒皮つきのまま縦半分に切る
にんにく……1かけ
⇒叩いてつぶす
トマトジュース（食塩無添加）……50㎖

調味料

塩……小さじ1½
黒こしょう（粒）……10粒～
ローリエ……1枚

サルサヴェルデ

イタリアンパセリ……1パック
バジル……1パック
ケイパー……20粒
にんにく……1かけ
赤唐辛子……½本
オリーブオイル……適量
塩……ひとつまみ～

1 肉と野菜を用意する

鍋に肉、野菜、にんにく、ローリエをすべて入れる。材料がかぶるぐらいのたっぷりの水を入れて強火にかける。

2 煮込む

沸いたらにんじんを取り出し、あら熱が取れたところで皮を手でむいて戻し入れる。アクを取って塩と粒こしょうを入れ、トマトジュースを加えて中火で煮る。水分が少なくなったら水を加えて、20～25分煮込む。**途中で火の通ったものから取り出す。**

3 サルサヴェルデを作る

イタリアンパセリ、バジルをみじん切りにする。そのままケイパー、にんにく、赤唐辛子もみじん切りにし、オリーブオイル大さじ½弱をたらして、刻みながら混ぜる。塩で味をととのえ、オリーブオイル大さじ1～2を足してさらに混ぜる。具材、スープを皿に分け、サルサヴェルデをかけながらいただく。

column

落合務の半生Ⅱ

閑古鳥のなく100席のイタリア料理店

イタリアから帰国すると、翌日から試練が待っていた。「落合君が今まで勉強してきた成果を見せてくれ」というわけで、「トップス」のランチタイム終了後に、僕がイタリア料理を何品か作って、桂社長、副社長、常務、総支配人……6人ぐらいに食べてもらうことになった。

毎日毎日メニューを替えて、それが1か月ぐらい続いたかな。胃が痛くなったけど、一所懸命作ったよ。結果、会社が僕にイタリア料理店をやらせてくれることになったんだけど……いきなり100席の店舗でやれと言うんだ。「30席ぐらいの店舗から始めさせてもらえませんか」とお願いしたんだけど、どうしてもダメで……。1982年5月に赤坂に「イタリア料理　グラナータ」がオープンした。

初日は満席。近所のOLさんなんかがランチタイムにわーっと来て、すぐに100人座っちゃった。厨房スタッフは10人ぐらいいたけど、イタリア料理をちゃんと作れるのは僕だけ。だから、料理が出ない。何も出ない。出るわけないじゃん、ひとりで作ってるんだから。1枚目のオーダーを必死に作っている間に、その次のオーダー、その次のオーダーって、ダーッと伝票が並んでさ、悪夢だったぜ。厨房のほかの連中は「何やればいいんだ、俺たち」みたいな感じだし。

その日の午後、緊急会議が開かれた。「なんだ、今日の有様は!」とえらい剣幕で怒られた。ところが本当の悲劇はこのあとだったね。「あそこは料理がちっとも出てこない」「あそこはあまりうまくない」「わけのわかんない料理ばっかりで、ナポリタンもミートソースも鶏の唐揚げも

恩人の桂洋二郎さんと。

イタリア政府観光局のフランチェスコ・ランドウッツィーさん（右）。

ない」って、ひどい言われようで、お客さんがちっとも来ないんだ。まだ本格的なイタリア料理を誰も食べたことがないような時代に、「日本風にアレンジしないで、本場の料理を出してくれ」と社長から言われて、その通りにやっていたんだけど。半年ぐらいはお客さんの来ない日が続いて、当時で毎月100万、150万円の赤字が出ていた。胃潰瘍に3回なったぜ。

半年ほど経ったある日のこと。ランチタイムに、ホールの女性スタッフが「お客さんがシェフを呼んでるわよ」と伝えに来た。行くと外国の方で、しゃべっている英語がイタリア語訛りだったから「イタリアの方ですか?」と聞くと、ピンポーン。それからはイタリア語で会話して、「この店に3回来てるけど、どうしていつも客がいないのか」と聞かれた。「いや、それ、僕が知りたいんですけど」と返したら、「わかった。お前の料理は悪くない」とその方が言ってくれた。それから1週間ぐらいの間に、イタリア人のお客さんが毎晩、20人、30人と集まるようになったんだ。

そのイタリア人こそ、僕のふたり目の恩師、フランチェスコ・ランドウッツィーさん。イタリア政府観光局の局長であるランドウッツィーさんが、あちこちに電話をかけまくって、東京中のイタリア人に口コミで店を広めてくれたんだよ。そうこうするうちにイタリアンブームがやってきて、1984年頃には店も大ブレイク、予約が取れない状態になった。

「ラ・ベットラ」開店!

自分で店を開こうと心に決めたのは1994年。「グラナータ」のオーナーだった桂社長が1994年に亡くなって、そのときから「自分で店をやろう」と思っていた。でもそ

落合務の半生Ⅱ

のことは家族にも誰にも話さないでおいて、桂さんの三回忌を終えたときに会社に退職願を出した。

店の構想は頭の中にしっかりできていた。その頃にはイタリア料理が流行って、レストランの値段も結構上がっていたんだよね。だったら、むしろ逆を行こう。原点に戻ろうと思った。

この本のはじめにも書いたけど、イタリアでの修業時代に僕が感銘を受けたのは、イタリア料理の素朴でしみじみとしたおいしさだ。家庭料理がベースにあって、でも、でっかい肉を焼くのは家のかまどじゃ無理だから、たまにはみんなでレストランへ行こうぜ、っていう感覚。

イタリア語で中級から高級な料理店を指す「リストランテ」の語源は、「リストラーレ」で、「リストラーレ」には「元気を取り戻させる」っていう意味がある。つまり、食べて飲んでしゃべって、イタリアのレストランは、そこへ行ったら力をもらえるパワースポットなんだ。気取った店じゃなくて、そういう本来の役目を担えるレストランを僕はやりたいと思った。

「ラ・ベットラ」は開店から20年以上、コース料理を3800円で提供した。リーズナブルだけど、OLさんたちにしてみれば、1食にかける金額としては高いでしょう。でも、そういう人たちが月に一度は自腹で食べに来られる、っていうのが、僕の理想とするところだった。ウニのパスタでもプラス料金を取らない。一律3800円。これはレジの混乱を避けたいから決めたことだけど、みなさんに喜んでもらえた。喜ばれすぎて、「ラ・ベットラ」はすぐに予約の取れない店と言われるようになった。もちろんありがたいことだけど、朝から店の前に列ができたりして、「予約が取りにくい」って言われるのは、実は店をやっている側には負い目があるんだよ。申し訳ないといつも思ってる。

でも、来てもらえたら、絶対に満足してもらえる料理をお出ししますから。それで応えるしかないんだよね。そんな気持ちで、できる限りのことを精一杯やって、ずっと突っ走ってきた。

僕の初めての店「ラ・ベットラ・ダ・オチアイ」（東京・銀座）。

4章

まかない飯
ぱぱっと作れてうまい

「ラ・ベットラ」でも「グラナータ」でも、ユニークなまかない飯がたくさん生まれました。イタリアンを基本に、残った材料を上手に使って、短時間で作れて、ご飯をしっかり食べられるものが多いのが特徴。僕自身も好きなレシピをご紹介しますね。

ルウを使わないで
とろみもうまみもしっかり！

ラ・ベットラのトマトカレー

残り野菜をフル活用！ 冷蔵庫の“お掃除”に

まかないのように早く作りたいなら、早く火が通る豚バラ薄切り肉が断然いいよ。肉のほかに絶対に必要な材料はトマトジュースと、玉ねぎ、にんにく、セロリの「炒めると味の出る」野菜です。そのほか冷蔵庫にあるものをなんでも入れてOK。残りもので「豚のトマト煮」を作ってカレー粉を混ぜれば、イタリアンなトマトカレーのできあがり。

材料（4人分）

主材料

豚バラ薄切り肉……250g
ベーコン……2枚　⇒1cm幅に切る
玉ねぎ……1個　⇒半分に切って薄切りにする
セロリ（茎）……10cm　⇒叩いてから薄切りにする
ミニトマト……2〜3個　⇒4等分に切る
しいたけ……4個　⇒5mm厚さに切る
しめじ……½パック
⇒石づきを落としてほぐす
ズッキーニ……½本
⇒縦4等分に切って5mm幅に切る
にんにく……2かけ　⇒みじん切りにする
アンチョビ（フィレ）……3〜4枚
⇒みじん切りにする
トマトジュース（食塩無添加）……500mℓ
バジル……10枚ぐらい
ご飯……4人分

調味料

オリーブオイル……大さじ1½
ローリエ……1枚
カレー粉……大さじ山盛り2
塩……適量
パルミジャーノチーズ……大さじ3

付け合わせ

らっきょう……適宜　⇒薄切りにする
スプラウト……適宜
サラダ菜……適宜

1 材料を用意する

豚肉は3cm幅に切り、塩少々をまぶして下味をつける。野菜はそれぞれ細かく切る。

2 味出しの材料を炒める

鍋にオリーブオイル大さじ1をひき、にんにくを中火で炒める。にんにくが色づいたらアンチョビ、玉ねぎ、セロリ、ベーコンを入れ、**野菜がしんなりして焦げ目が少しつくまで**よく炒める。

3 煮込む

2に豚肉を入れて炒め、肉の色が変わったら、残りの野菜ときのこを加えて炒める。トマトジュースを注ぎ、塩大さじ½、切り目を入れたローリエを加え、沸騰したら弱火にしてとろんとするまで煮る。カレー粉を加えて混ぜ、塩で調味する。仕上げにバジルをちぎり入れ、チーズを加えて、ご飯と皿に盛る。らっきょうなどを添える。

もちベシャメルのグラタン

生クリーム不使用で 手間もカロリーもダウン

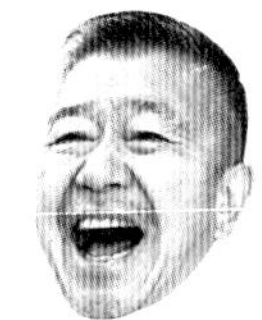

ベシャメル＝ホワイトソースのこと。パスタ（P42）でも紹介したけど、僕は家ではホワイトソースを牛乳ともちで作る。小麦粉もバターも未使用だからヘルシーで、さっぱりとして食べやすい。グラタンのソースはちょっとゆるめがおいしいよね。フォークの間からソースが落ちるぐらいを目指そう。固めだなと思ったら、牛乳か水で調整するだけ。

材料（2人分）

主材料

- ペンネ……160g
- むきえび……150g
- カニカマ……50g
- 玉ねぎ……⅛個
  ⇒みじん切りにする
- マッシュルーム……3個
  ⇒薄切りにする
- スライスもち……150g
  ⇒細切りにする
- 牛乳……300㎖

調味料

- オリーブオイル……大さじ1
- 塩、こしょう……各適量
- バター……20g
- パルミジャーノチーズ……大さじ4

1 もちベシャメルを作る

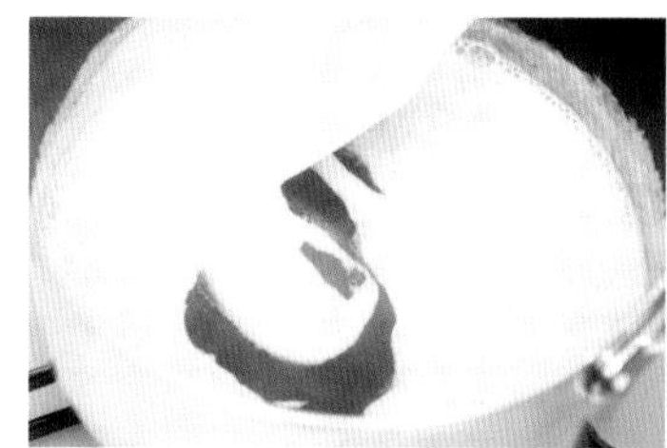

ペンネをゆで始める。鍋にもちと牛乳を入れて中火にかけ、ゴムベラで混ぜながらもちを牛乳によく溶かす。とろみがついて、鍋底をヘラでかいたときに筋が残るようになればOK。**もちだから、「ダマもグラタンの具」だと思えばよし。**

2 具を炒めてあえる

別の鍋にオリーブオイルをひいて玉ねぎを炒める。しんなりしたらマッシュルーム、えび、塩少々を加えて炒め、ゆで上がったペンネ、**1**を入れて混ぜる。塩、こしょうで味をととのえ、バターを加えて混ぜ、ソースが固いようなら牛乳でのばす。

3 トースターで焼く

2を耐熱皿に移してカニカマを散らし、チーズをかける。トースターで15分ほど焼く。

あるもんでいいじゃない？
僕の愛する「カニカマ」をトッピング

イタリアンチャーハン白

残りご飯と玉ねぎでイタリアンなチャーハンが作れます。レモンを搾って、仕上げにバターとパルミジャーノを加えるから、チャーハンでもイタリアンな味わいなんです。リモートワークのお昼ごはんに、こんなの作って食べたら気分がいいでしょ。

材料（1人分）

主材料

自家製サルシッチャ（P60）……**100g**
玉ねぎ……**¼個** ⇒粗みじんに切る
マッシュルーム……**2個** ⇒縦半分に切って3㎜幅に切る
卵……**1個** ⇒溶きほぐす
ご飯……**1人分**
レモン……**½個**

調味料

オリーブオイル……**大さじ1強**
バター……**5g**
塩、こしょう……**各適量**
パルミジャーノチーズ……**大さじ1**

仕上げ用

イタリアンパセリ（好みで）……**適宜**

1 具材を炒める

フライパンにオリーブオイル大さじ1、玉ねぎを入れて強めの中火で炒める。玉ねぎがしんなりしたらマッシュルームを入れ、**サルシッチャを手で小さくちぎりながら入れる。**

2 ご飯を加えて炒める

サルシッチャに火が通ったら、卵を入れて全体を混ぜる。ご飯を加え、オリーブオイル少々を足して強火で炒める。塩少々で味つけする。

3 仕上げる

こしょうをふり、レモンを搾りかけ、塩で味をととのえる。火を止めてチーズとバターを入れてひと混ぜし、余熱でバターを溶かす。皿に盛り、好みでイタリアンパセリを添える。

レモンとバターの香りで
世界一さわやかなチャーハン

Piatti Di Mangiare

魚介のだしが効いたスパイシーな味わい

イタリアンチャーハン赤

赤い色はパプリカパウダー。辛味が少なくて、うまみの強いスパイスだから、シチューや煮込み料理にも使える。1本あると便利だよ。赤ワインビネガーもイタリアンに欠かせない調味料で、酸味というよりも味に深みを与えてくれるんだ。

材料（1人分）

主材料

小やりいか(冷凍)……**120g** ⇒8㎜の輪切りにする
カニカマ……**2〜3本**
玉ねぎ……**¼個** ⇒粗みじんに切る
セロリ(茎)……**10㎝** ⇒叩いてみじん切りにする
にんにく……**½かけ** ⇒みじん切りにする
マッシュルーム……**2個**
⇒縦半分に切って薄切りにする
赤パプリカ……**⅛個ぐらい** ⇒細かく切る
ご飯……**1人分**

調味料

オリーブオイル……**大さじ1**
バター……**15g**
塩……**適量**
こしょう……**少々**
パプリカパウダー……**ふたつまみ**
赤ワインビネガー……**大さじ1弱**
パルミジャーノチーズ……**大さじ1**

仕上げ用

イタリアンパセリ……**少々** ⇒細かく切る

1 野菜を炒める

フライパンにオリーブオイル、にんにくを入れて中火にかける。にんにくに火が通ったら、玉ねぎ、セロリ、マッシュルーム、赤パプリカを加えて炒める。

2 いかを加える

1の玉ねぎがしんなりしてきたら、いかを冷凍のまま加え、強火にする。**あまり触らずに火を通し、**バター10g、塩少々を加えて炒め合わせる。

3 ご飯を加えて仕上げる

2にご飯を入れて炒め、塩、こしょうで味をととのえる。パプリカパウダーをふり、赤ワインビネガーを回し入れ、チーズ、バター5gを加えて混ぜる。器に盛り、イタリアンパセリとほぐしたカニカマをのせる。

これぞイタリアンな深いコク。
洋風牛丼とも言えるね！

ピッツァイオーラごはん

手軽な牛こまを トマトジュースで煮るだけ

「ピッツァイオーラ」の直訳は「ピザ職人」。ピザによく使うオレガノを利かせたトマトソースを、肉にからめた料理を指します。アンチョビや野菜をトマトジュースで煮ると味に奥行きが出て、丸いフライパンで作るからできあがりがまるでピザみたいでしょ? ご飯にかけるのは僕が考えました。うちの若いやつらが喜んで食べています。

材料（２人分）

主材料

牛こま切れ肉……**200g**
玉ねぎ（小）……**½個**
⇒薄切りにする
セロリ……**10㎝**
⇒叩いてから薄切りにする
にんにく……**１かけ**
⇒叩いて細かく刻む
赤唐辛子……**１本**
⇒半分にちぎって種を抜く
アンチョビ（フィレ）……**１枚**
トマトジュース（食塩無添加）……**100㎖**
パルミジャーノチーズ……**大さじ１**
ピザ用チーズ……**60～70g**
ご飯……**２人分**

調味料

オリーブオイル……**大さじ½強**
塩、こしょう……**各少々**
オレガノ（あれば）……**小さじ½**

1 味出しの野菜を炒める

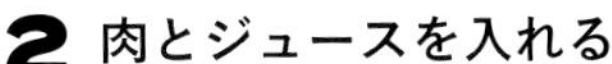

フライパンにオリーブオイル大さじ½とにんにくを入れ、中火で炒める。にんにくがきつね色になったら玉ねぎ、セロリ、赤唐辛子を入れて炒める。

2 肉とジュースを入れる

玉ねぎがしんなりしたらアンチョビを加え、オリーブオイルを少し足し、**アンチョビをくずしながら炒める。**牛肉を入れ、塩、こしょうを加えて炒める。肉の色が変わったらトマトジュースを加え、あればオレガノを入れ、強火で煮て水分を飛ばす。

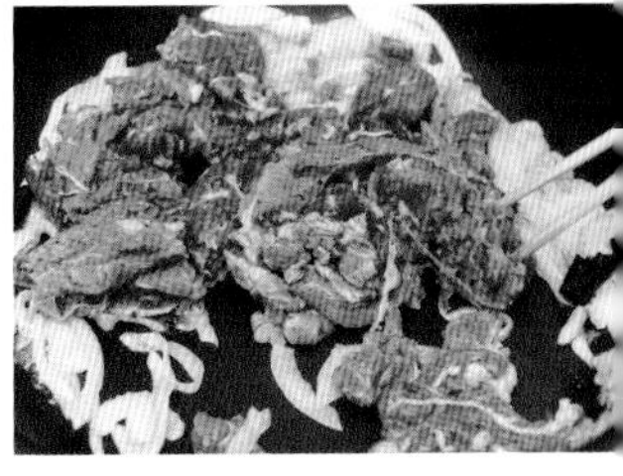

3 チーズを加えて仕上げる

トマトジュースが少し煮詰まってきたら、パルミジャーノチーズを加えて混ぜ、ピザ用チーズをのせてフタをする。ご飯を皿に盛り、チーズが溶けたピッツァイオーラをかける。

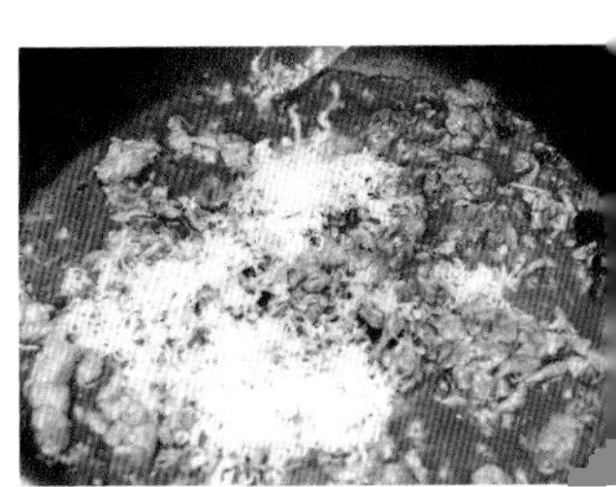

Piatti Di Mangiare

ビネガーで煮込むとチキンがやわらかくなる！

カチャトラ丼

「カチャトラ」＝猟師という意味で、トスカーナ地方の郷土料理。鶏肉に粉を多めにつけて煮るから、肉も煮汁もとろみがついておいしいんだ。赤ワインビネガーでうまみを出すのがポイント。ご飯にかけて温泉卵をくずして、親子丼感覚で召し上がれ。

材料（１人分）

主材料

鶏もも肉……½枚 ⇒一口大に切る
玉ねぎ……½個 ⇒薄切りにする
にんにく……１かけ ⇒みじん切りにする
赤唐辛子……½本 ⇒半分にちぎって種を抜く
ご飯……１人分
温泉卵（市販）……１個

調味料

塩、こしょう……各適量
小麦粉……適量
オリーブオイル……大さじ１～２
ローズマリー……１枝
赤ワインビネガー（または酢）……大さじ３
水……100mℓ

仕上げ用

イタリアンパセリ……適宜

1 肉に粉をまぶす

鶏肉に塩、こしょうで下味をつけて、**小麦粉をたっぷりまぶす。**

2 肉と玉ねぎを炒める

フライパンにオリーブオイルをひき、にんにくを炒める。にんにくが色づいたらローズマリーを枝からしごきながら加え、鶏肉を入れて炒める。玉ねぎも入れて、しっかり炒める。

3 水分を加えて煮る

2に赤ワインビネガーを加え、強火にかける。水分が飛んできたら水と赤唐辛子を加え、塩で調味する。**沸いたら弱火にして10分～とろりとするまで煮る。**器にご飯を盛ってカチャトラをかけ、温泉卵をのせ、イタリアンパセリを添える。

5章

副菜一皿

野菜ぎらいの僕が大好きな味

ブロッコリーだけ、玉ねぎだけ、なすだけ……というふうに、イタリアには一種類か二種類の野菜をシンプルに食べる料理が多いんです。これって、すごくいいと思いません？　オムレツやスープも家庭料理にぴったり。イタリアンな副菜もどんどん作ってほしい。

ワインのおつまみに最高！
思い立ったらすぐ作れる副菜だ

なすとズッキーニのアーリオ・オーリオ

香りのいいオイルを 野菜にたっぷり吸わせよう

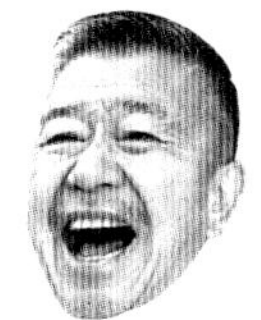

セージはイタリアでよく使われるハーブ。基本のアーリオ・オーリオにセージのさわやかな香りをプラスしたオイルを、なすとズッキーニに吸わせるわけ。「野菜ってこんなにおいしいんだ！」と感動するよ。塩はしっかり利かせたほうがいい。ちょっと冷めたほうが味が落ちついてうまいんだ。冷蔵庫で3〜4日もつから、多めに作ってもいいね。

材料（1〜2人分）

主材料

なす（大）……1本
ズッキーニ……1本
にんにく……2かけ
⇒4等分に切り、芯を取る
セージ……1枝
赤唐辛子……1本
⇒半分にちぎって種を抜く

調味料

オリーブオイル……大さじ2
塩……小さじ½ぐらい

1 野菜を切る

なすは皮を縞目にむき、5㎝長さに切って、縦に6等分にする。ズッキーニは5㎝長さに切り、縦に8等分にする。

2 アーリオ・オーリオを作る

フライパンにオリーブオイルとにんにくを入れ、中火にかける。**フライパンを傾けてにんにくがオイルに浸かるようにし、**泡立ってきたらセージを枝ごと入れ、カリッとしたら取り出す。にんにくが色づいたら、赤唐辛子を加える。

3 野菜を炒める

1を**2**のフライパンに入れて中火にかけ、塩をしっかりめにふる。**野菜が油をすっかり吸ったらできあがり。**皿に盛り、素揚げしたセージを添える。

ブロッコリーのアーリオ・オーリオ

オイルを吸わせた野菜は本当においしい。中でもブロッコリーは一番かもしれない。やわらかめにゆでたブロッコリーとアンチョビの強いうまみで、いくらでも食べられるぜ。「緑の野菜を食べていない」ってときは、これを作ればいい。

材料（1〜2人分）

主材料

ブロッコリー……½個
にんにく……1かけ
⇒4等分に切り、芯を取る
赤唐辛子……1本
⇒半分にちぎって種を抜く
アンチョビ（フィレ）……2枚

調味料

オリーブオイル……大さじ2
塩……小さじ1

1 ブロッコリーの下ごしらえ

ブロッコリーは小房に分ける。茎の硬い部分は5㎜ほど皮をむいて一口大に切る。ゆで湯を沸かす。

2 ソースを作る

フライパンにオリーブオイルとにんにくを入れ、中火にかける。フライパンを傾けてにんにくがオイルにしっかり浸かるようにし、にんにくが色づいたら赤唐辛子とアンチョビを加え、**アンチョビをヘラでつぶしてソースになじませる。**

3 あえる

ゆで湯が沸騰したら塩を入れ、ブロッコリーをやわらかくゆでる。湯をきって**2**のフライパンに加え、オイルであえる。味をみて、足りなければ塩でととのえる。

少ない材料で作れる
自慢の一皿

Un Contorno

野菜の持ち味が生きる イタリア式のシンプルな食べ方

ゆでズッキーニ

イタリアの人たちはゆでたズッキーニが大好き。塩をふって、レモンをぎゅっと搾って、オリーブオイルをかけて、アツアツのうちに食べる。実際、甘くておいしいのよ。ポイントはズッキーニを水にとって冷ましたりしないこと。とにかくゆでたてが勝負だよ。

材料（１～２人分）

主材料

ズッキーニ……１本
レモン……¼個

調味料

オリーブオイル……適量
塩……小さじ１～

1 ズッキーニを切る

ズッキーニは縦半分にして、５㎜幅に切る。

2 ゆでる

湯を沸かして塩小さじ１を入れ、ズッキーニをゆでる。**フォークでつぶせるぐらいにやわらかくゆでたほうがおいしい。**ゆで上がったら湯をきって、皿に盛る。

3 卓上で調味する

2に塩をふり、レモンを搾り、オリーブオイルを回しかけて**熱いうちに食べる。**

落合式ポテサラ

ポテサラのおいしさって、ホクホク感じゃない？　真面目な話、じゃがいもはゆでたてと冷めたときとでは、デンプンの質が変わるんだ。ゆでたてをつぶすとホクホクで、味がよくなじむ。それと、冷蔵庫での作りおきは禁止。フレッシュ感がなくなっちゃうよ。

材料（2〜3人分）

主材料

じゃがいも（大）……2個
玉ねぎ……⅓個
⇒薄切りにする
卵……4個

調味料

塩……ひとつまみ
マヨネーズ……100g
練りがらし……小さじ1〜

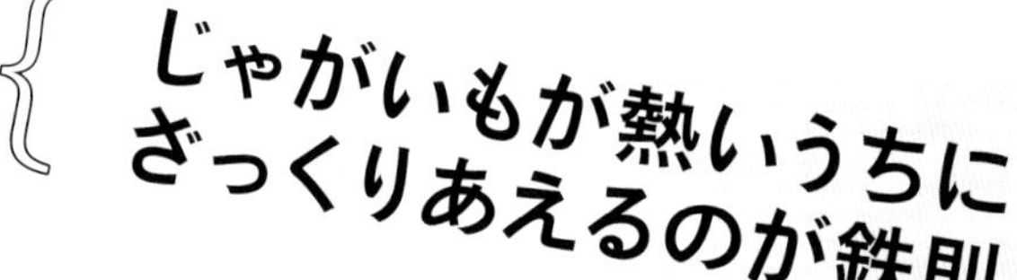

1 じゃがいもと卵をゆでる

じゃがいもは水からゆでる。別の鍋で卵を水から入れ、沸いてから8〜9分ゆでて、冷水にとって殻をむく。

2 玉ねぎの下ごしらえ

玉ねぎはボウルに入れ、塩をふってもむ。少しおいてしんなりしたらふきんで包んで流水で洗い、水気をよく絞る。マヨネーズと練りがらしをよく混ぜ合わせておく。

3 混ぜる

1のじゃがいもに串がスッと通るようになったら湯をきり、**皮をむいて熱いうちにザクザクと切る。**ボウルに入れ、すぐにからしマヨネーズであえ、玉ねぎを入れる。ゆで卵もザクザク切って加え、全体をよく混ぜる。

玉ねぎのビネガー炒め

炒めるっていうよりも、じっくり焼くんだ。触りたくても我慢して、玉ねぎにじわじわと火を通す。そうして端がちょっと焦げるぐらいが、甘さがよく引き出される。それから何度でも言うけど、赤ワインビネガーはコクを出す調味料。玉ねぎにもよく合うよ。

材料（1～2人分）

主材料

玉ねぎ……1½個

調味料

オリーブオイル……大さじ1強
塩……ひとつまみ
赤ワインビネガー……大さじ3
こしょう……適量

1 玉ねぎを切る

玉ねぎは皮をむいて縦半分に切り、切り口を下にして置き、1㎝幅に切る。

2 オイルで焼く

フライパンにオリーブオイル大さじ1をひき、**1**の玉ねぎを入れて中火で焼く。途中で返す程度にして**触らずにじっくり火を通し、**焼き色が少しついてきたら塩をふり、オイルを足してさらに焼く。

3 赤ワインビネガーを加える

赤ワインビネガーをふりかけ、強火にして、**汁気がなくなればできあがり。**皿に盛り、こしょうをふる。

なすのハーブマリネ

にんにくのオイルも、合わせるハーブでだいぶ印象が変わるんだ。ローズマリーの香りをつけたオイルは肉や魚を焼くときにも使うし、なす単体でも、こんなにおしゃれな一皿ができる。アーリオ・オーリオがマンネリなときに作ってみてよ。

材料（2人分）

主材料

なす……3本
ローズマリー……1枝
にんにく……1かけ
⇒薄切りにする

調味料

オリーブオイル……大さじ2強
塩……小さじ½

1 なすに塩をまぶす

なすは縞目に皮をむく。3〜4㎜幅の輪切りにしてボウルに入れ、塩をふって、両手でよくまぶしつける。

2 ローズマリーオイルを作る

フライパンにオリーブオイル大さじ2とローズマリーを入れ、弱火にかける。しばらく火にかけて、持ち上げたときにローズマリーがしならなくなったら取り出す。

3 なすをオイル焼きにする

にんにくを**2**のフライパンに入れ、弱めの中火にかける。うっすらと色が変わったら（**あまり色がつかない段階がいい**）オイルを足して、なすを加える。このとき、**ボウルに出たなすの水分は入れない。**弱めの中火の火加減で、なすがとろっとするまでゆっくり焼く。フライパンの油ごと器に入れ、ローズマリーを添える。

ローズマリー1枝でおいしさを格上げする

ちょっと漬けるだけでトマトがおいしくなる魔法

トマトマリネのカプレーゼ

昔、若い料理人が「トマトがおいしくないんですけど、どうしましょう?」と言ってきた。それでマリネにしてみたら……「なんだ、このトマト、うめえ!」と驚く味になった。赤ワインビネガーとはちみつの組み合わせが、いい仕事をしてくれます。

材料（2人分）

主材料

トマト……**3個**
にんにく……**1かけ**　⇒みじん切りにする
バジル……**3〜4枚**　⇒粗みじんに切る
モッツァレラチーズ（一口サイズ）
……**10個ぐらい**（または大1個をスライス）

調味料

オリーブオイル……**大さじ2**
赤ワインビネガー……**大さじ1**
塩……**少々**
はちみつ……**小さじ1**
こしょう……**適量**

仕上げ用

スプラウト（好みで）……**適宜**

1 トマトの皮をむく

トマトはお尻に十字に切り込みを入れ、フォークで刺して熱湯にくぐらせ、冷水にとって皮をむく。

2 マリネ液を作る

にんにく、バジル、オリーブオイル、赤ワインビネガー、塩、はちみつを混ぜ合わせる。

3 寝かせて仕上げる

トマトを1㎝厚さの輪切りにし、バットに並べる。**2**のマリネ液をかけ、冷蔵庫に入れる。2時間ほど経ったらトマトをすべて裏返し、冷蔵庫でさらに1時間ほど冷やす。**あるいはひと晩ほど冷蔵庫に入れてもいい。**皿に盛り、モッツァレラチーズをのせ、黒こしょうをかける。好みでスプラウトを飾る。

卵好きに食べさせたい！
ふわっ、とろりの卵づくし

目玉焼きのせオムレツ

ひっくり返さなくていいから ラクチンなのも魅力

イタリアのオムレツ「フリッタータ」は、フライパンに卵液を流したら、そのままの形でいいんです。ひっくり返さなくていいから、すごくかんたん。野菜入りのオムレツを作って、上に目玉焼きをのせたら、卵づくしのリッチなおかずのできあがり。焼きたてを食べてね。冷蔵庫に肉がないときのおかず、朝食やブランチにだって最高です。

材料（２人分）

主材料

卵……**４個**
アスパラガス……**１本**
⇒斜めに薄切りにする
ズッキーニ……**３㎝**
⇒５㎜角に切る
マッシュルーム……**１個**
⇒５㎜角に切る

調味料

オリーブオイル……**大さじ２**
塩……**適量**
こしょう……**少々**
バター……**小さじ１**
パルミジャーノチーズ……**大さじ１**

1 野菜を炒める

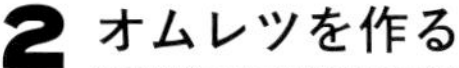

フライパンにオリーブオイルをひき、アスパラ、ズッキーニ、マッシュルームを入れて、強めの中火でよく炒める。火が通ったら塩少々をふる。

2 オムレツを作る

ボウルに卵２個を割りほぐし、塩ひとつまみ、こしょうを加えてフォークでよく混ぜる。**1**のフライパンにバターを足し、溶けたら卵液を流して、一回混ぜる。

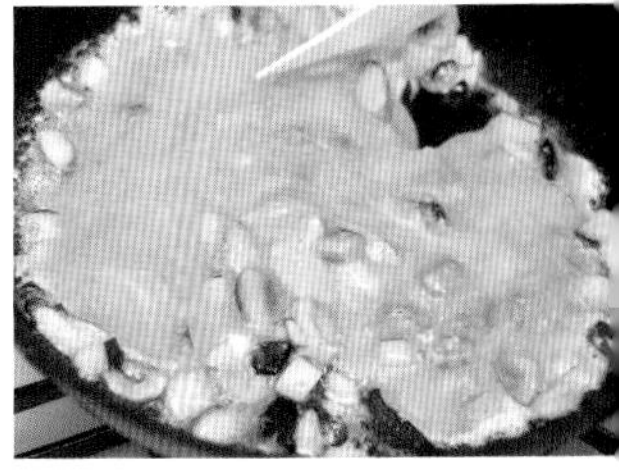

3 目玉焼きをのせる

2の上に卵２個を割り落とし、塩少々をふる。フタをして、ごく弱火で卵に火を通す。目玉焼きが焼けたら皿に盛り、チーズをかける。

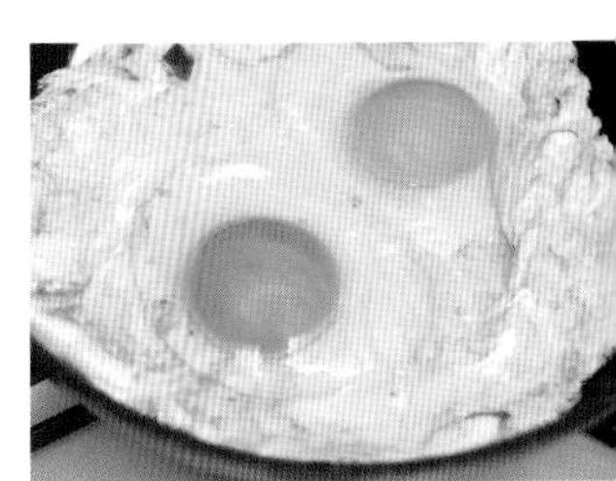

みんな大好きなリングフライ。
ふっくらふわっと仕上げる

いかと玉ねぎのフリット

イタリア式のメレンゲ衣を少ない油で揚げ焼きにする

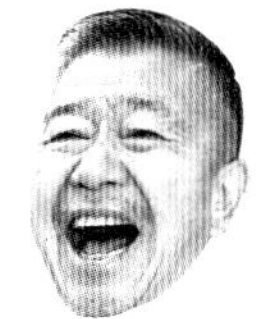

みなさん、揚げ物はあまりやりたくないでしょ？　でも少ない油で揚げ焼きにするなら、気軽にできるはず。メレンゲ入りの衣をつけて揚げるイタリア式のフリット、おいしいからぜひ一度試してもらいたい。メレンゲといっても、泡立て器で本気で手早く混ぜれば1分。難しかったらハンドミキサーを使えばすぐできますよ。

材料（２人分）

主材料

やりいか……1杯
⇒内臓を取って輪切りにし、水気をしっかりふき取る
玉ねぎ……1個
⇒１㎝幅の輪切りにする
小麦粉……100g
片栗粉……20g
水……80㎖
卵……1個
⇒卵黄と卵白に分ける
レモン（くし切り）……3切れ

調味料

塩……適量
揚げ油……適量

1 メレンゲを作る

卵白をボウルに入れ、**逆さにしても落ちてこないぐらい**になるまで、泡立て器でしっかりと混ぜる。

2 衣を作る

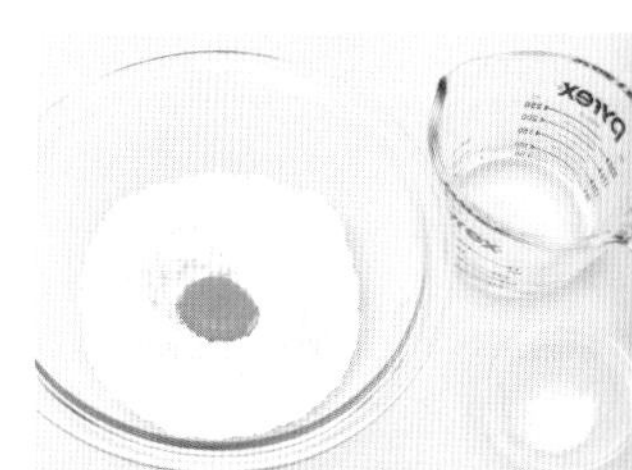

別のボウルに小麦粉と片栗粉を混ぜ、卵黄と塩少々を加え、水を入れて泡立て器でよく混ぜる。**1**のメレンゲを加えてさっくり混ぜる。

3 揚げる

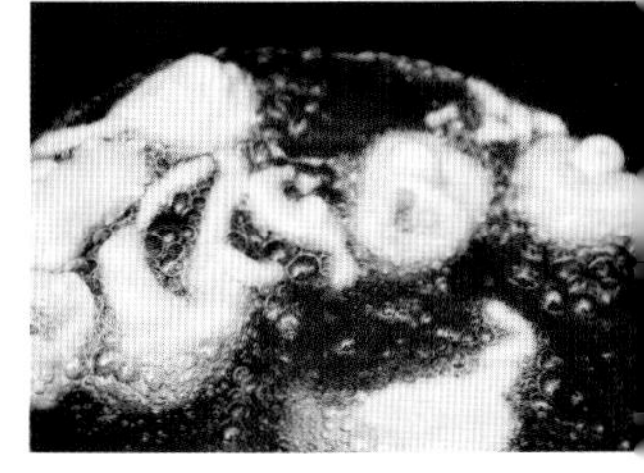

フライパンに底から３㎝ぐらいまで油を入れ、中温に熱する。玉ねぎを**2**の衣にくぐらせ、揚げ油に入れる。途中で上下を返し、衣がきつね色になったら引き上げ、塩をふる。やりいかも同様に揚げて塩をふり、レモンと一緒に器に盛る。

豆とパスタのどろどろスープ

イタリアには豆料理が多い。そして、豆にはセージがつきもの。ゆでるときや煮るときにセージを入れると、すっきりと洗練された味わいになるんです。このスープは、好みの豆の水煮でOK。豆を半分つぶすことで、皮が細かくなって口当たりがよくなる。

材料（2人分）

主材料

赤いんげん豆（水煮）…… **1パック**（380g）
スパゲティ…… **10g**
セロリ（茎）…… **10cm** ⇒叩いてからみじん切りにする
玉ねぎ…… **¼個** ⇒みじん切りにする
トマトジュース（食塩無添加）…… **50mℓ**
セージ…… **1枝～**

調味料

オリーブオイル…… **大さじ1強**
塩…… **適量**
水…… **400mℓ**
パルミジャーノチーズ
…… **大さじ1**

1 豆をつぶす

ボウルに赤いんげん豆（汁ごと）を入れ、**かたまりが少し残る程度にマッシャーかフォークでつぶす。**ハンディブレンダーにかけてもいい。

2 豆を煮る

鍋にオリーブオイルをひき、セロリと玉ねぎを炒める。しんなりして、いい香りが立ったらトマトジュースを加えて強火にし、豆を入れる。水を加えて混ぜ、切り目を入れたセージを加える。沸いたら弱めの中火にして、水適量（分量外）を足しながら煮る。

3 パスタを加えて煮る

スパゲティを清潔なふきんで包み、テーブルの角などに当てて細かく折り、 **2**の鍋に加える。パスタがやわらかくなったらセージを取り出して塩で味をととのえ、皿に盛り、チーズをかけて好みでセージを添える。

{ アツアツのとろみで お腹と心が満たされる }

チーズポテトフォンデュ

すごくかんたんだけど、こんなのが出てきたら凝った感じがするでしょ。じゃがいもを牛乳で煮て、そこにチーズを加えるだけで、おしゃれで優しい味のフォンデュソースができる。お好みで食べる直前に卵黄を入れると、ぐっとコクが出る。野菜をつけて食べてもうまいよ。

材料（2人分）

主材料

じゃがいも（大）……1個
牛乳……100mℓ
ピザ用チーズ……50g
パルミジャーノチーズ……大さじ1
好みのパン（フォカッチャなど）……適宜

調味料

バター……5g

1 じゃがいもをつぶす

じゃがいもは皮をむいてゆで、マッシャーなどでつぶす。

2 牛乳で煮る

鍋に牛乳を入れて中火にかけ、**1**のじゃがいもを加え、**じゃがいもをつぶしながら煮る。**

3 チーズを溶かす

2にピザ用チーズを加えて混ぜる。よくなじんだらパルミジャーノチーズとバターを加え、火を止めて混ぜる。食べやすく切ったパンを添えて、フォンデュにつけながら食べる。

じゃがいもでチーズ節約。まろやか&とろとろに

苦手を好物にくつがえした！
修業時代に心底感動した料理

Un Contorno

焼きパプリカのマリネ

焼いて、オイルに浸す。イタリア料理の極み

悪いけど、実はピーマンやパプリカはそんなに好きじゃなかった。ところがイタリアでこの料理を食べて「わっ、なんだこれ!」と感動したんです。クセがなくて、「はちみつつけた?」って思うほど甘い。このまま食べるのはもちろん、アンチョビをはさんだり、マスカルポーネを巻いても。細かく切ってトマトの冷製パスタに混ぜると「ペペロナータ」という料理になって、これがまたとびきり美味。アレンジ無限の作りおきです。

材料（作りやすい分量）

パプリカ（赤）……**4個**

調味料

オリーブオイル……**適量**

1 パプリカを焼く

オーブンの天板にクッキングシートを敷き、丸のままのパプリカを並べる。140°Cに熱したオーブンで80分ぐらい焼く。

2 皮をむく

パプリカが熱いうちにヘタを抜き取り、皮をはぐようにむく。種はできるだけ取り除く。そばに水を張ったボウルを用意しておいて、**指先を冷やしながらむくと熱さがマシになる。**

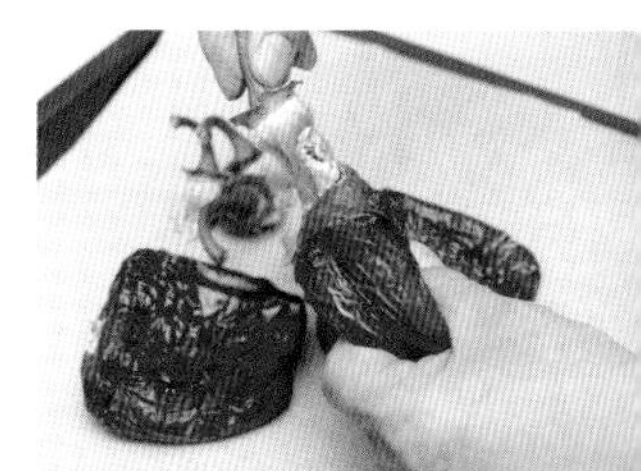

3 オイルに浸す

2を容器に入れ、オリーブオイルを回しかける。**パプリカがオイルにしっかり浸かっている状態がいい。**このまま常温でひと晩おく。冷蔵庫に入れて保存する。

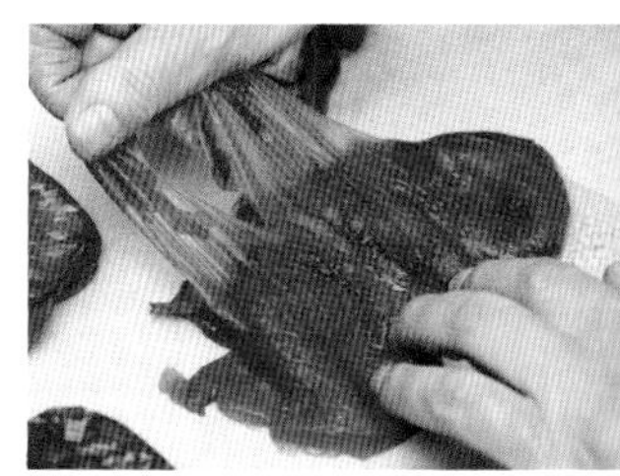

イタリアンピクルス

だいたいの野菜がピクルスになるから、好みのものでOK。ほかに大根、かぶ、みょうが、きゅうり……アスパラも生で漬けていいし、酢は白ワインビネガーでもりんご酢でも。常温においたほうが味がなじみます。暑い時季は冷蔵庫へ。

自由に作っていい
作りおきのサラダ感覚

材料（作りやすい分量）

主材料

アスパラガス……3〜4本
セロリ（茎）……10cm
パプリカ（赤）……½個
ピーマン……1個
マッシュルーム……3〜4個
らっきょう……50g
らっきょうの漬け汁……50mℓ
レモン……½個　⇒薄切りにする
ローリエ……1枚

調味料

赤ワインビネガー……100mℓ
水……100mℓ
砂糖……30g
黒こしょう（粒）……15粒
塩……小さじ½

1　野菜の下ごしらえ

アスパラは根元を落とし、皮の硬い部分をむき、3〜4等分に切る。セロリは叩いてから長さ5cmほどのスティック状に切る。パプリカとピーマンはヘタと種を取り、縦に幅1cmに切る。マッシュルームとらっきょうは薄切りにする。ボウルにすべて混ぜ合わせる。

2　マリネ液を作る

鍋にすべての調味料とレモン、ローリエを入れて火にかける。砂糖と塩が溶けたら、**熱いうちに1の野菜のボウルに加えてあえる。**

3　味をなじませる

2を保存容器に移し、らっきょうの漬け汁を加えて混ぜる。常温にひと晩おいて味をなじませ、冷蔵庫で保存する。

章

ドルチェ

幸せな食後を約束する

これがないと食事が終わらない！　甘いものは人生を豊かにしてくれるよね。イタリアのドルチェはシンプルで「しみじみうまい系」。レシピ通りに作ってもらえば、初めてでも上手にできるはずです。食後に、おやつに、どうぞ楽しんでください。

チーズ本来の味が際立つ
さわやかな食後デザート

レモンティラミス

クリームにも土台にも レモンたっぷりで甘酸っぱい

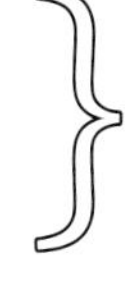

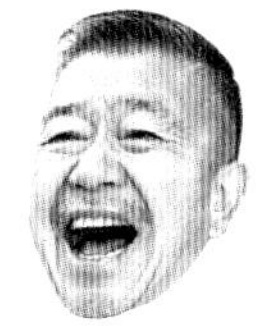

マスカルポーネはコーヒーやココアだけじゃなくて、レモンともよく合うんだ。ティラミスのコクや甘みを、レモンの酸味がキュッと引き締めてくれる感じかな。土台のビスケットの種類はなんでもいいけど、上にクリームがのるから、脂肪分たっぷりのクッキー系じゃないほうがおいしい。土台にもレモンシロップをしっかり染み込ませて。

材料（作りやすい分量）

チーズクリーム

卵黄……**2個分**
生クリーム（脂肪分47%）……**400mℓ**
マスカルポーネチーズ……**200g**
砂糖……**60g**
レモンの搾り汁……**2個分**

土台

ビスケット（全粒粉のものなど）……**5〜6枚**
レモンの搾り汁……**大さじ1〜**
水……**150mℓ**
グラニュー糖……**50g**

仕上げ用

レモンの皮……**適量**
スプラウト……**適量**

1 チーズクリームを立てる

ボウルに卵黄、生クリーム、チーズ、砂糖を入れ、ハンドミキサーでよく泡立てる。**ケーキに絞るとしたら、クリームの形がちゃんと残るぐらい**にしっかり立てる。レモン汁を加え、さっくり混ぜる。

2 土台を作る

小鍋に水とグラニュー糖を入れて火にかけ、砂糖を溶かす。ボウルに移して粗熱を取り、レモンの搾り汁を加え、レモンシロップを作る。バットなどの型にビスケットを敷き詰め、レモンシロップを少しずつかけて湿らせる（シロップが余ったら、ソーダや湯で割ってドリンクに）。

3 盛りつける

2の上に**1**をのせて平らに広げ、冷蔵庫でよく冷やす。スクエアに切り分けて皿に盛り、レモンの皮をすりおろしてスプラウトを添える。

パンナコッタ

パンナ＝クリーム、コッタ＝火を通す。つまりパンナコッタはイタリア語で「火を通したクリーム」の意味。牛乳を使うレシピもあるけど、僕はコクが欲しいので生クリームだけで作ります。火を通すときに絶対に沸騰させないことがポイント。

材料（作りやすい分量）

主材料

生クリーム（脂肪分35%）……**400mℓ**
板ゼラチン……**6g**
砂糖……**40g**
バニラエッセンス（好みで）……**適宜**

1 ゼラチンをふやかす

板ゼラチンを水50mℓぐらい（分量外）に浸けて、ふやかしておく。

2 生クリームを煮る

鍋に生クリームと砂糖を入れて中火にかけ、**沸騰させずに60～70℃で砂糖を煮溶かす。**水気をきった**1**を入れて火を止め、余熱でゼラチンを溶かす。好みでバニラエッセンスを加えてもいい。

3 冷やし固める

2を器に静かに流し入れ、冷蔵庫で冷やし固める。

{生クリームを60～70℃で煮るのがコツ}

プリン

生クリームやチーズを入れたり、卵黄を増やしてみたり、今はいろんなプリンがあります。でも僕が作り続けているのは、牛乳と卵と砂糖だけのシンプルなプリン。食べた人にレシピを教えると「どうしてこんなにおいしいんですか !?」って驚かれるけど、普通がいいのよ。普通をていねいに作れば、それが一番おいしいんです。

卵と牛乳さえあればできる。家おやつの基本

材料（6個分）

主材料

牛乳……500mℓ
卵……4個
砂糖……120g
バニラエッセンス……4滴〜

カラメルソース

グラニュー糖……大さじ3
水……大さじ1⅔

1 カラメルソースを作る

小鍋にグラニュー糖と水を入れ、木ベラで混ぜて弱めの中火にかける。**焦げて茶色くなってきたら、鍋を回して色を均一にし、火を止める。**水をティースプーン1杯加え、ムラができないように混ぜ、プリンの型に均等に入れる。

2 プリン液を作る

鍋に牛乳と砂糖を入れて火にかけ、木ベラで混ぜて砂糖を溶かす。牛乳がひと煮立ちする寸前で火を止める。ボウルに卵を割り入れ、泡立て器でしっかり混ぜる。温めた牛乳を注ぎ、バニラエッセンスを垂らして混ぜる。プリン液をざるでこしながら、**1**の型に流す。

3 オーブンで蒸し焼きにする

バットの中に**キッチンペーパーを2枚重ねて敷き、2**を並べる。バットの上のほうまで熱湯を張り、130℃に熱したオーブンで40分〜固まるまで焼く。取り出して粗熱を取り、冷蔵庫で冷やす。

スプーンですくうほどに
幸せになるグラスデザート

落合式モンブラン

マスカルポーネクリームと栗を合わせるイタリア式

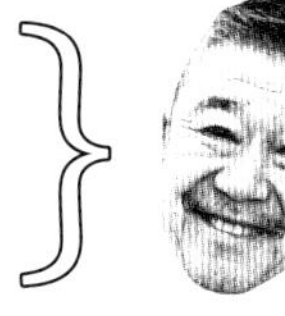

メレンゲを混ぜたリッチな「スプーマ・ディ・マスカルポーネ」と、つぶした栗をグラスに重ねていく、とびきりすてきなグラスデザート。アルデンテにゆでた甘いリゾットを底に入れると、プツプツとした食感がほどよいアクセントになってくれる。でも作るのが大変なら、リゾットは省いてもいいよ。それでもおいしい！

材料（グラス2〜3個分）

甘いリゾット

米……75g
砂糖……5g
バニラエッセンス……2滴
バター……5g

クリーム

卵黄……2個分
卵白……1個分
生クリーム（脂肪分 47%）……150mℓ
マスカルポーネチーズ……50g
砂糖……20g強

ゆで栗……70g

仕上げ用

ココアパウダー……適量
スプラウト……適宜

1 甘いリゾットを作る

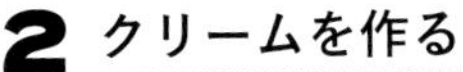

米をさっと洗ってフライパンに入れ、かぶるぐらいの水を入れて強火にかける。水分がなくなったら足し、**硬さの残るアルデンテにゆでる。**火を弱めて砂糖を加え、ヘラで混ぜて溶かす。バニラエッセンス、バターを加えて火を止める。皿に移して冷ましておく。

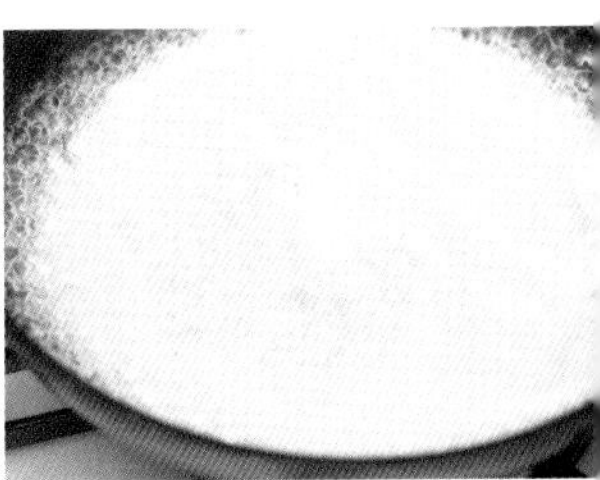

2 クリームを作る

ボウルに卵黄、生クリーム、チーズ、砂糖 20g を入れ、**泡立て器でゆるめに立てる。**別のボウルに卵白と砂糖少々を入れて泡立て、チーズクリームのボウルに加えてさっくり混ぜる。

3 栗の半量をつぶす

ボウルに目の粗い網かざるをのせ、ゆで栗の半量を木ベラで粗めにつぶしてクランブル状にする。

4 グラスに盛りつける

1 のリゾットをスプーンでグラスの下 ⅓ に入れる。上に **3** のクランブル、粗くくずした栗を入れ、**2** のクリームをのせる。一番上にかたまりの栗をのせ、ココアパウダーをふる。スプラウトを添える。

プルーンの赤ワイン煮

イタリアではプルーンのことを「プルーニャ」って言うんだけど、赤ワインと砂糖で煮たプルーニャは本当によく食べられている。ホテルの朝食にも出てくるぐらい。そのまま食べてもいいし、アイスクリームと一緒に食べると最高です。イタリアの保存食だね。

イタリアで愛されている果物ドルチェの代表

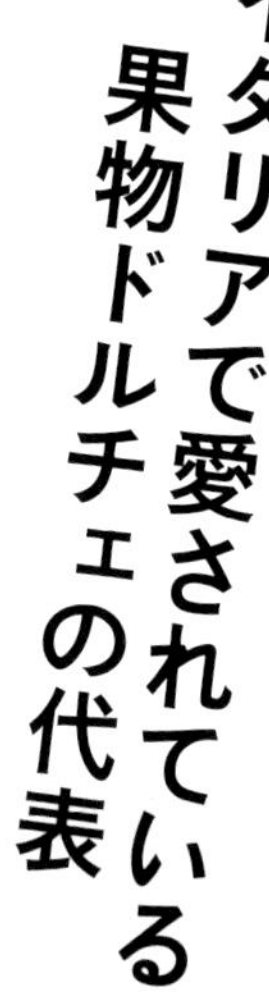

材料（作りやすい分量）

主材料

プルーン（できれば砂糖不使用のもの）……**165g**
赤ワイン……**200mℓ**
砂糖……**50g**

仕上げ用

バニラアイスクリーム……**適量**
スプラウト……**適量**

1 プルーンを煮る

鍋にプルーンを入れ、赤ワイン、砂糖を加えて強火にかける。

2 やわらかく煮て冷ます

1 が沸いたら弱火にし、プルーンがやわらかくなるまで 20 分ほど煮る。**火からおろしてそのまま冷ます。**

3 盛りつける

器にプルーンを盛り、アイスクリーム、スプラウトを添える。「プルーンの赤ワイン煮」は密閉容器に入れて 1 か月くらい保存可能。

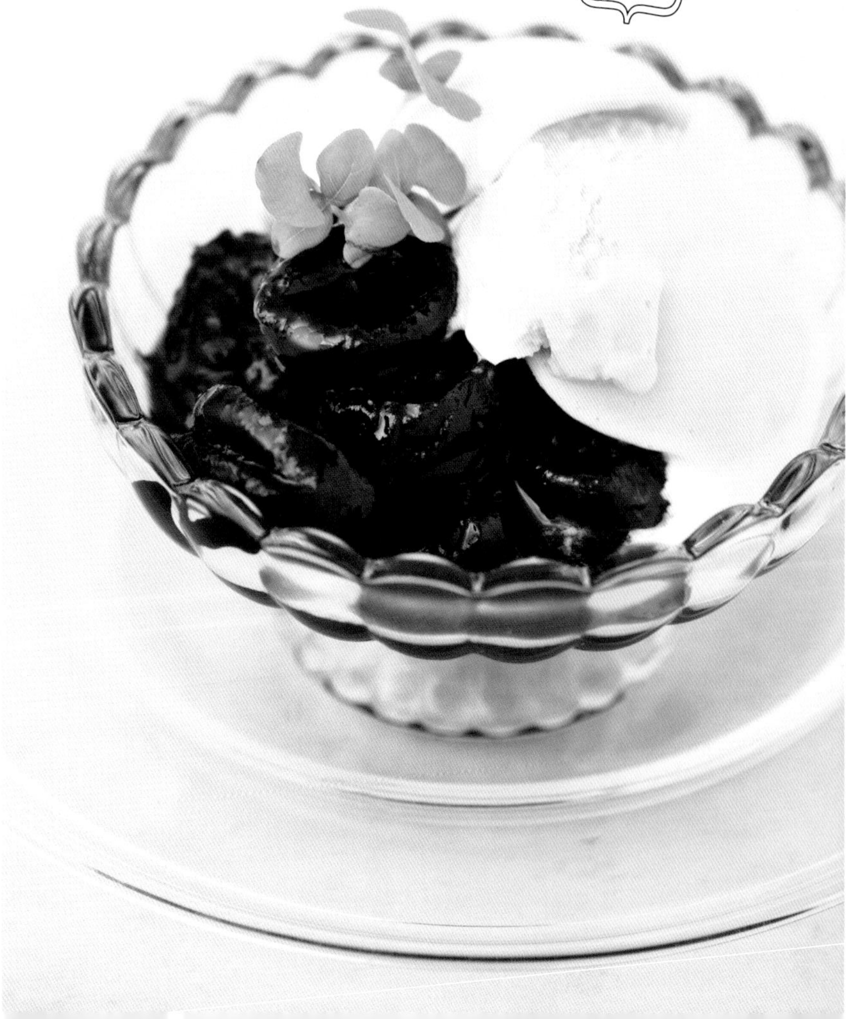

[撮影協力]

※五十音順

○ 岩塚製菓株式会社

☎ 0120-94-5252
https://www.iwatsukaseika.co.jp/

○ エスビー食品株式会社

調味料・スパイス・ハーブ
☎ 0120-120-671
https://www.sbfoods.co.jp/

○ 株式会社 OSMIC FOODS

ミニトマト
https://osmic.info/

○ 木野物産株式会社

にんにく
☎ 03-3537-0013
https://www.kinosgroup.co.jp/

○ タカナシ乳業株式会社

乳製品
☎ 0120-369-059
https://www.takanashi-milk.co.jp/

○ 株式会社タマハシ

フライパン・鍋
☎ 0256-63-9545
https://www.smile-king.co.jp/labettola/

○ 株式会社ニップン

スパゲティ・オリーブオイル
☎ 0120-184-157
https://www.nippn.co.jp/

○ プロセッコ DOC 保護協会

プロセッコ DOC（スパークリングワイン）
https://proseccodoc.jp/

○ 株式会社村上農園

マイクロハーブ・スプラウト
☎ 0120-883-862
https://www.murakamifarm.com/

おわりに

料理が苦手、料理なんて作りたくない……っていう人も、世の中にいていいと思うんです。料理を作るのが嫌なら、無理に作らないで、レストランに行ったほうがいい。そのほうが食材の無駄も出ないし、後片づけをする必要もないし、第一、僕ら料理人もありがたい。

でも、料理を作ってみるのも面白いぜ、とも僕は言いたいんです。自分が何かを創造できるってすてきだし、自分の作ったものを人が食べて、お腹が満ちて笑顔になってくれたら、こんなに幸せなことはないです。

最初から上手にできる人なんていないんですよ。野球の選手だって、将棋の棋士だって誰だってそう。練習したり、場数を踏んだりして、上手になっていく。だから料理も最初は失敗したとしても、あきらめないでほしい。あきらめないで、作り続けてほしい。そうすれば必ずうまく作れるようになります。

食は、筋が通っているからいいんです。筋を通さないと、おいしい料理は作れません。野菜は繊維に沿って切るとか、パスタは必ず沸騰したお湯でゆでるとか、それをしなければいけない「筋」っていうのがある。その筋さえ通せば、必ずうまくいく。

人生もそうでしょう。筋を通すかどうか。筋を通さないで「ま、いっか」でいい加減なことをしていると、僕は何事もうまくいかないと思う。

時々「昔とレシピが違っている」と言われることがあります。同じ料理でもレシピがちょっと違っている、って。当たり前です。「こうやって作ったほうがうまくいく」「こんな食材が出てきたから、こっちを使ったほうがいい」って、料理人は毎日進化しているんだから。みなさんによりおいしい料理を食べてほしい。みなさんによりおいしく作ってもらいたい。そういう気持ちがあるからこそ、進化しているわけです。それもまた、世の中に対して筋を通すということです。

だから、料理も生きるのも、シンプルでいいんだと思う。食べる人のこと（自分だっていい）を考えて、楽しみながら一所懸命やる。今度はもうちょっとうまくやろうと思って、やり続ける。料理を通して僕がみなさんに伝えられるのは、そんなことなんだろうな、って思います。

［著者］
落合 務（おちあい・つとむ）
「ラ・ベットラ・ダ・オチアイ」オーナー
1947年生まれ。17歳で料理の道に進む。19歳でホテルニューオータニに移りフランス料理を学び、その後洋食レストラン「トップス」へ。28歳のときにフランス旅行の帰路でイタリア料理の素晴らしさを知り、その後２年８か月間、イタリア各地で修業。日本に帰国後、1982年に東京・赤坂のイタリア料理店「グラナータ」の料理長に就任。1997年７月に東京・銀座で「LA BETTOLA da Ochiai」をオープン。たちまち予約の取れないレストランとなり、日本イタリア料理界の先駆者として知られるようになる。イタリアから「カヴァリエーレ章（勲三等）」「イタリア連帯の星」勲章（OSSI）などを受章。平成25年度「卓越した技能者（現代の名工）」、令和２年「黄綬褒章」受章。現・日本イタリア料理協会名誉会長。

プロの味が最速でつくれる！
落合式イタリアン

2024年２月27日　第１刷発行
2024年３月26日　第３刷発行

著　者――落合 務
発行所――ダイヤモンド社
〒150-8409　東京都渋谷区神宮前6-12-17
https://www.diamond.co.jp/
電話／03･5778･7233（編集）　03･5778･7240（販売）
装丁・本文デザイン――藤田康平＋前川亮介（Barber）
スタイリング――chizu
取材協力――白江亜古
校正――円水社
協力――落合 剛、木越敦子（オチアイ・トレンタオットブレ）
製作進行――ダイヤモンド・グラフィック社
印刷――ベクトル印刷
製本――ブックアート
編集担当――和田泰次郎（t.wada@diamond.co.jp）

ISBN 978-4-478-11851-1